KB163641

한국형 디지털 스토리텔링

「리니지2」 바츠 해방 전쟁 이야기

차례
Contents

제1부 디지털 스토리텔링과 온라인 게임

한국이 만든 미래의 인간 커뮤니케이션 형식

디지털 스토리텔링(Digital Storytelling)은 네트워크화된 컴퓨터 환경에서 디지털 미디어를 통해 이루어지는 스토리텔링이다. 넓게 보면 디지털 기술을 표현수단이나 매체환경으로 받아들인 스토리텔링은 모두 디지털 스토리텔링이라 말할 수 있다.

산업 현장에서 디지털 스토리텔링은 디지털 콘텐츠의 시나리오를 만들어내는 창작 기술로 이해되고 있다. 컴퓨터 게임, 애니메이션, 디지털 영화, 웹 광고, 사이버 커뮤니티, 웹 에듀테인먼트, 웹 뮤지엄 등은 현재 디지털 스토리텔링이 활발하게 적용되고 있는 콘텐츠들이다.

오늘날 디지털 스토리텔링이라는 신조어는 예술과 문학, 전자공학, 미디어학과 경영학에서 전 세계적으로 사용되고 있다. 그러나 아직 성공적인 디지털 스토리텔링을 만들어내는 창작 원리, 기획된 스토리를 평가하는 분석 툴, 스토리의 가치 재고를 위한 프레임워크 등은 거의 밝혀진 바가 없다.

이 책은 디지털 스토리텔링의 전범(典範)을 한국의 온라인 컴퓨터 게임에서 발견하여 이론화하려는 의도에서 쓰였다.

온라인 게임은 디지털 스토리텔링과 개념적으로 가장 정확하게 일치하는 핵심 콘텐츠이며 한국은 세계 최초로 온라인 게임의 상용화에 성공한 국가이다. 20세기가 끝날 때까지 서구에서는 온라인 게임을 수만 명 정도의 사용자들이 인터넷으로 접속하여 진행하는 이례적인 게임으로 이해하고 있었다. 그러나 한국에서는 1995년 넥슨이 세계 최초의 그래픽 머드 게임 「바람의 나라」를 개발하고 1998년 엔씨소프트가 누적 사용자수 2천만 명의 「리니지」를 출시하면서 이 같은 고정관념을 바꿔놓았다.

이후 한국은 발달된 IT 인프라와 반도체, TFT, LCD, 모바일 분야 세계 1위의 기술력을 기반으로 온라인 게임의 발전을 선도하여 2004년 현재 세계 시장의 31.4%를 장악하고 있다. 한국의 온라인 게임은 아시아는 물론 유럽과 북미까지 서비스되어 'IT 한류(韓流)'라는 현상을 만들어냈으며 현재 '오프라인 게임의 온라인화'라는 세계 게임 산업의 흐름을 주도하고 있다.

게임 이용 여부(%)

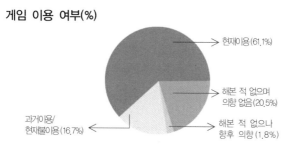

현재이용(61.1%)

해본 적 없으며 의향 없음(20.5%)

과거이용/ 현재불이용(16.7%)

해본 적 없으나 향후 의향(1.8%)

국내 게임 시장 규모

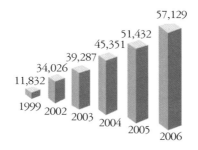

57,129

51,432

45,351

39,287

34,026

11,832

1999 2002 2003 2004 2005 2006

한국 게임 시장의 규모는 연평균 44.2%씩 성장하고 있다(2003년 현재).

그러나 이 같은 계량적인 성과보다 더 중요한 것은 콘텐츠의 질적인 측면이다. 한국의 온라인 게임은 인류의 이야기 예술에 혁명적인 변화를 가져왔다. 게임학(ludology)의 세계적인 석학 에스펜 아세스는 "한국의 다사용자 게임 「리니지」는 게임의 미래일 뿐만 아니라 미래의 인간 커뮤니케이션 형식을 만들어낼 거대한 사회적 실험"이라고 평가했다.[1]

한국의 온라인 게임은 게임이라는 장르를 넘어 이제까지

인류사에 존재했던 어떤 이야기 예술과도 다른, 전혀 새로운 서사 패러다임의 이야기를 출현시켰다. 그것은 "사용자(독자)가 1,000시간 이상 지속되는 갈등상황을 스스로 창조하고, 주인공으로 거기에 참여함으로써 사회 정의와 인간적인 자유의 가치를 깨달아간다"라는 매우 특이한 이야기이다.

한국인들이 만들어낸 이런 이야기는 디지털 스토리텔링의 본질을 밝혀준다. 프리드리히 실러의 말처럼 인류 사회를 구성한 것은 인간의 현실적인 필요성이지만 그 사회에 조화를 부여하는 것은 예술이 만들어내는, 아름다움에 대한 인간의 보편적인 취향이다.[2] 미래의 인류는 바로 한국의 온라인 게임과 같은 디지털 스토리텔링을 통해 아름다움에 대한 공동의 취향을 학습하고 사회 정의와 인간적 자유를 향한 연대감을 구축해나갈 것이다.

그러면 먼저 디지털 스토리텔링의 개념과 그것이 발생하는 사회적 조건을 간단히 살펴보겠다. 이어 「리니지2」에서 만들어진 바츠 해방 전쟁의 스토리를 중심으로 한국 온라인 게임의 스토리텔링을 논의하기로 한다.

디지털 스토리텔링의 특징

스토리(story)란 어떤 사건을 겪은 사람의 경험을 중심으로 한 번 걸러진 지식, 알기 쉽고 느끼기 쉬운 지식이다. 이러한 지식은 인류로 하여금 복잡한 상황에서 질서를 발견하고 혼돈의 현실로부터 가치를 통찰하도록 도와주었다. 스토리가 만들어내는 서사적이고 상징적인 세계는 괴로운 인생을 좀 더 알 만하고, 좀 더 사랑스러운 것으로 받아들일 수 있는 힘을 주었다. 그리하여 인류의 문화는 항상 신화, 전설, 민담, 소설, 만화, 영화와 같은 재미있고 감동적인 스토리와 함께 진보해왔다.

21세기 인터넷 환경, 즉 네트워크화된 컴퓨터 환경은 스토리텔링(storytelling)이라는 용어를 확산시켰다. 스토리텔링이란 '이야기'와 '이야기하기'를 함께 지칭하는 개념이다. 이야기 내용을 스토리라고 하고 이야기 형식을 담화라고 할 때[3] 스토리텔링은 스토리, 담화, 스토리가 담화로 변하는 과정, 세 가지를 모두 포괄한다.

인터넷 시대의 많은 스토리들은 미리 '존재'하는 것이 아니라 사용자의 참여를 통해 '생성'된다. 예를 들어 게임에서 행위와 결과물, 이야기하기의 상황(context)과 이야기 자체(contents)의 구분은 매우 모호하다.[4] 스토리텔링은 이처럼 프로그램과 프로그램 참여행위, 개발자와 사용자의 경계가 불분명해진 인터넷 시대의 개념이다.

네트워크화된 컴퓨터 환경에서 디지털 미디어를 통해 이루어지는 디지털 스토리텔링은 처음부터 사용자의 참여를 전제하고 있다. 사람들은 이것을 디지털 스토리텔링의 가장 큰 특징인 상호작용성(Interactivity)이라고 한다.

전통적인 이야기 예술에도 상호작용성은 존재했다. 소설이나 영화나 만화에서 작가는 스토리의 자초지종을 다 설명하지 않고 중간을 생략함으로써 독자나 관객들이 스스로 상상력을 동원하여 그 빈자리(gap)를 메우도록 했다. 말하자면 독자나 관객의 상호작용을 유도하는 것이다. 소설에서는 이것을 장면적 기법에 대비되는 파노라마적 기법(panoramic technique)이라고 한다.[5] 영화에서는 이것을 몽타쥬 기법(montage technique)이라고 하며[6] 만화에서는 이것을 완결성 연상(closure association) 기법이라고 한다.[7]

그러나 이러한 상호작용성은 텍스트 자체를 변화시키는 것은 아니었다. 텍스트는 독자가 텍스트의 빈자리를 상상력으로 채워가는 행위와는 별개로, 그 자체가 고정되고 완결된 실체로서 존재했다.

이에 반해 디지털 스토리텔링에서는 상호작용성이 가시화(visualization)된다. 텍스트는 고정되고 완결된 실체가 아니라 눈앞에서 계속 추가되고 변화되는 유동성의 체험이 된다.[8] 그리고 그 체험의 방식도 눈과 손이 동시에 움직이는 '플레이' 혹은 '웹서핑'이라는 주체적인 실행으로 변해간다.[9]

이렇듯 디지털 스토리텔링은 가시화된 상호작용성이 내장된 스토리텔링이다. 디지털 스토리텔링의 상호작용성은 ① 콘텐츠의 검색 및 선택 가능성, ② 콘텐츠에 대한 조작 및 통제 가능성, ③ 사용자 간의 상호 교류 가능성 등 세 가지 유형으로 분류된다.[10] 이러한 분류에서도 알 수 있듯이 디지털 스토리텔링의 독자, 즉 사용자는 스토리를 읽거나 보는 것이 아니라 사이버 공간의 가상현실 속으로 들어가 스토리를 선택하고, 조작하고, 편집한다. 나아가 다른 사용자와 의사소통하며 함께 스토리를 변화시킨다.

디지털 스토리텔링의 사회적 조건

정보화는 인간적인 힘의 발전이며 인간이란 존재가 가진 가능성의 발전이다. 인터넷에 의해 밀실과 광장의 경계가 무너지면서 인류는 지역과 연고의 낡은 구속을 깨고 정보와 표현의 민주주의를 향해 나아가고 있다.

이야기 예술은 언제나 이러한 진보의 동반자였다. 『돈키호테』와 『보봐리 부인』에서, 또 「전함 포템킨」과 「대부」와 「감각의 제국」에서, 이야기 예술은 하나의 절대 가치에 의해 형성되는 권위주의적 질서에 반대하고 다양한 가치들이 공존하는 인간적인 세계의 실현을 갈망해왔다. 이야기 예술들의 허구는 허상(虛像)이 아니라 언제나 더 나은 인간적 현실을 준비하는 '가상'이었다.

가상(Virtuality)은 현존 질서를 유일한 현실로 받아들이기를 거부하는 인류가 상상력을 통해 탐구하는 자유의 영토이다. 인류는 항상 자신에게 주어진 세계에 만족하지 않고 보다 잘 이해할 수 있고, 보다 정의로우며, 보다 멋있고 사리에 맞는 '또 다른 세계'를 찾아왔다. 인류사는 현실에서 잠재적, 가상 적으로 존재하던 것들이 하나씩 실제로 구현되는 과정이었다. 디지털 테크놀로지의 발달로 나타난 '가상현실'은 이와 같은 가상을 거의 현실의 이미지와 유사하게 구현해낸 인류사적 진 보의 결과물이다.[11]

디지털 스토리텔링은 3차원 그래픽스 기술, 3차원 사운드 기술, 운동감 재현 기술, 상태정보 피드백 기술, 3차원 상호작 용 기술, 분산 가상환경 기술 등 가상현실을 만들어내는 기술 을 저렴한 가격으로 누구나 활용할 수 있는 시대의 산물이다. 이러한 시대적 배경 속에 출현한 디지털 스토리텔링은 세 가 지 사회적 조건을 가지고 있다.

첫째, 디지털 스토리텔링은 이야기 예술을 넘어 콘텐츠 산 업 전체에 적용된다.

정보화 혁명은 인간 두뇌의 한계를 넘어서는 정보의 폭증 을 야기했다. 정보의 홍수는 곧 무지(無知)의 홍수가 되었다. 오늘날 하루의 조간신문은 16세기 사람들이 일평생 접했던 정 보보다 더 많은 정보를 쏟아낸다. 1990년대 이후 인류가 처리 해야 할 정보는 5년마다 두 배씩 증가하고 있다. 인류는 이제 자신이 관여하는 매우 좁은 분야의 지식을 소화하기도 힘들게 되었고 나머지 방대한 분야의 지식에 대해서는 무지할 수밖에 없게 되었다.

이러한 상황은 스토리에 대한 사회적 요구를 그 어느 때보다 증가시켰다. 정보의 홍수 앞에 위축된 사람들은 사건을 겪은 어떤 사람의 경험을 중심으로 한 번 걸러진 지식, 알기 쉽고 느끼기 쉬운 지식을 갈망하고 있다. 그것은 바로 스토리이다.

복잡한 통계자료와 개념으로 인간을 설득하기는 매우 어렵다. 그러나 작중인물에 대한 감정이입을 통해 자연스럽게 같은 전제를 공유하게 만드는 스토리는 마치 스프링보드처럼 인간을 고정관념으로부터 도약시켜 새로운 생각을 받아들이게 만든다.12)

그 결과 정보화 시대의 스토리는 영화나 소설 같은 좁은 의미의 이야기 예술을 넘어 거의 모든 디지털 콘텐츠로 확산된다. 상품들의 홍수 속에서 자신의 브랜드 이미지를 기억시키기 위한 브랜드 스토리텔링, 웹 커뮤니티를 창조하고 운영하기 위한 컴퓨터 매개 커뮤니케이션(CMC) 스토리텔링, 전시 공간 속에 생기를 더하는 테마 파크 스토리텔링과 웹 뮤지엄 스토리텔링, 기업 이미지(CI) 스토리텔링 등이 그러한 예이다.13)

둘째, 디지털 스토리텔링은 집합 지능(collective Intelligence)에 의해 창작된다.

사이버 공간에서 만들어진
또 하나의 자아, 아바타.

지난 세기 우리가 익숙했던 '소설'은 자본주의적 근대화의 산물이었다. 사회를 움직이는 힘이 토지 자본으로부터 산업 자본으로 이동하자 토지에 근거한 집단들이 해체되고 인간은 개인으로 단자화(單子化)되었다. 고향에서 유리되어 익명의 도시에 내던져진 사람들에게 중요했던 것은 "나는 누구냐"라는 개인의 정체성 문제였다. 소설의 작가는 자신의 고독한 체험을 바탕으로 이 같은 개인의 정체성을 탐구함으로써 근대 시민 문화의 대변자가 될 수 있었다.

21세기 정보화 혁명은 이 같은 상황을 바꿔놓았다. 사회 운용의 힘이 산업 자본으로부터 정보통신 자본으로 이동하면서 산업사회가 만든 개인의 공간이 해체되는 새로운 국면들이 나타났다. 사람들이 구텐베르크의 인쇄술과 더불어 나타났던 활자 매체의 은하계를 벗어나 디지털 이미지가 만드는 새로운 매체 환경의 우주 속으로 들어온 것이다.

사람들은 이제 수십 개의 디지털 자아(아이디)와 사이버 육체(아바타)를 갖는 가상 주체로 사회적 삶을 영위한다. 인간은 개인으로 단자화되는 것이 아니라 개인에서 해체되고 재구성된 뒤 다시 인터넷을 통해서 실용적, 친교적 공동체와 연결된다. 이것은 이른바 '네트워크화된 개인주의'의 사회이다.14) 이러한 시대의 가장 중요한 문제는 개인의 정체성 인식이 아니라 아름다움에 대한 취향과 진리와 정의에 대한 자기 윤리를 네트워크 속에서 구현하고 공유하는 것이다.

그 결과 정보화 시대의 디지털 스토리텔링은 단일한 작가, 단일한 등장인물, 단일한 화자의 통일된 목소리와 결별한다. 디지털 스토리텔링은 주어지는 이야기부터 여러 명의 개발자들에 의해 개발되며 무수히 많은 사용자들의 참여로 완성된다. 그리고 그 스토리는 항상 인터넷의 편재성과 동시성, 물질적 개방성에 열려 있게 된다.

인간은 어떤 면에서는 모두가 한 사람의 소설가라고 할 수 있다. 인간은 항상 사물에 자신의 심정과 상상을 투사시켜 더욱 친근하고 인간적인 이미지로 사실의 변형을 추구한다. 디지털 시대의 사회적 조건은 이 같은 인간의 창조성을 격려하면서 집합 지능에 의한 새로운 삶의 비전들을 만들어낼 것이다.

셋째, 디지털 스토리텔링은 디지털 사회의 인간화와 민주화를 추구한다.

모더니즘 이후의 20세기 예술은 일상적 인간의 감성적 이해보다 예술가 개인의 독창적 표현을 옹호하며 전문화의 길을 걸어왔다.15) 그 결과 예술은 대중을 소외시켰고 예술사의 소양을 가진 특정 관객만이 이해할 수 있는 난해하고 비인간적인 영역이 되어갔다. 내면 탐구와 언어 실험의 양상이 두드러졌던 20세기 문학 역시 복잡하고 난해한 현실에 대응한다는 미명 아래 스스로 복잡하고 난해한 현실이 되어갔다고 말할 수 있다.

디지털 스토리텔링은 이 같은 한계를 넘어 예술적 커뮤니케이션의 수평적 확장과 민주적 상호작용을 촉진한다. 모든 인간적인 욕망들의 사랑스러움, 착한 감정들의 진실함, 인간 정신의 자유와 인간 의지의 숭고함을 추구하는 이야기 예술의 꿈은 디지털 스토리텔링에 이르러 더 완전한 구현의 무대를 발견했다고 말할 수 있다.

디지털 스토리텔링에서는 수많은 디지털 자아들이 자신들의 취향에 맞는 사람들과 연대하여 함께 새로운 스토리를 창조한다. 이러한 연대와 창조는 자칫 배금주의와 물질만능주의, 말초적 욕망이 지배하는 삭막한 정보의 사막이 될 수도 있는 디지털 사회에 강력한 길항작용을 한다. 인류가 오랜 노력 끝에 도달한 정보화 사회는 디지털 스토리텔링과 더불어 비로소 피가 있고 살이 있고 영혼이 있는 인간의 사회, 더 민주화된 사회로 발전해갈 것이다.

21세기 중엽에 이르면 디지털 스토리텔링은 널리 공유되는 문학적 표현 양식이 될 것이다. 21세기 초까지 서구의 디지털 스토리텔링이 보여준 것은 새로운 게임 구현 기술에 근거한, 안이하고 감각적인 만족의 재미였다. 그러나 한국 온라인에서 시작된 새로운 디지털 스토리텔링은 지난날의 소설과 영화, 르포르타쥬와 다큐멘터리가 가졌던 사상적 깊이를, 그리고 어느 정도는 시(詩)의 에스프리까지를 표현하기에 이르렀다.

21세기 인류는 이와 같은 한국형 디지털 스토리텔링 속에서 그가 창조할 수 있는 모든 의지적인 것과, 그의 한계를 넘어서는 모든 운명적인 것을 함께 발견하게 될 것이다.

한국형 디지털 스토리텔링은 현실에 적극적인 사람들에게는 사회학적인 연구의 대상을 제공할 것이며 감수성이 강한 사람들에게는 인간의 심층 심리에 대한 섬세한 분석을 제공할 것이다. 또 논쟁을 좋아하는 사람들에게는 현실 참여의 기회를 주고 종교적인 사람들에게는 세계의 가혹함과 인간의 유한함에 대한 영원한 질문을 제기할 것이다. 그리고 모든 사람들에게 감동적인 스토리를 던져 줄 것이다.

이어지는 장에서는 이 같은 한국 온라인 게임의 현황을 짚어보기로 한다.

한국 온라인 게임의 이해

게임은 디지털 스토리텔링의 핵심 콘텐츠이다. 특히 한국에서 만들어진 온라인 게임은 디지털 스토리텔링에 내재한 상호 작용성을 완벽하게 구현한 콘텐츠로서 세계사적 의의를 갖는다. 이를 이해하기 위해 우리는 먼저 게임과 온라인 게임, 그리고 한국의 온라인 게임에 대한 간략한 설명을 첨부하지 않을 수 없다.

게임 산업은 디지털 콘텐츠 시장에서 가장 시장 규모가 큰 산업이다. 세계 게임 산업의 시장 비중은 2003년 현재 전체 디지털 콘텐츠 시장의 25%를 차지하며 세계 게임 시장 규모는 2005년 현재 약 770억 달러(81조 원)로 추정된다.16)

최근 4년간 게임 수출입 통계

(단위 : 백만 달러)

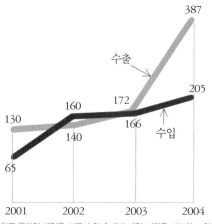

387

수출

205

172

160

130

166   수입

140

65

2001   2002   2003   2004

한국 온라인 게임은 미국과 함께 세계 게임 시장을 선도하고 있다.

세계 주요국 게임 시장 규모

(단위 : 백만 달러)

국가	온라인	무선	PC	비디오
일본	38	805	222	5884
미국	2716	86	1458	8164
영국	23	36.6	269	1771
한국	377	84	137	130
독일	12.8	46.7	439	1129
중국	84	64	367	381
프랑스	6.8	30.4	255	1027

게임은 게임 콘텐츠가 구현되는 플랫폼(게임 구현 장비)에

따라 다섯 가지로 분류된다.

분류	정의	대표작품
아케이드 게임	소위 '오락실'에 설치되어 게임장 전용 게임기로 구현되는 게임	버추얼 파이터 DDR
PC 게임	개인용 컴퓨터를 사용하여 컴퓨터에 내장된 프로그램과 대전하는 Stand-Alone Game	Age of Empire Civilization
비디오 게임	TV에 연결된 전용게임기에 CD 혹은 DVD를 넣어 구현하는 게임	파이널판타지 GTA 진삼국무쌍 헤일로
온라인 게임	많은 사용자들이 서버급 컴퓨터에 통신망을 통해 동시에 진행하는 게임	스타크래프트 리니지 미르의 전설 길드워
모바일 게임	휴대폰이나 개인휴대단말기(PDA)로 인터넷에 접속하여 서비스를 제공받는 게임	모바일고스톱 놈

위의 표에서 보듯이 온라인 게임은 사용자가 인터넷 통신망을 통해 원격지에 멀리 떨어져 있는 서버 컴퓨터에 접속해서 즐기는 게임이다. 수십만에서 수만 명의 이용자들이 동시에 접속해 게임을 진행한다.

이 같은 온라인 게임 진행 방식을 클라이언트/서버(Client/server) 시스템이라고 한다. 이러한 클라이언트/서버 시스템은 규모성과 지연성의 두 가지 면에서 제한된다. 규모성(salability)이란 사용자 수가 증가할수록 게임이 처리해야 할 정보 규모가 증가하는 것을 뜻하며, 지연성(tardiness)이란 사용자 수가 증가할수록 게임의 응답 속도가 느려지는 것을 뜻한다. 그래서 수천 명 내지 수십만 명이 접속하는 온라인 게임은 여러 개의 서버에 정보를 분산하여 운영하게 된다.[17]

세계 최초로 온라인 게임 상용화에 성공한 한국은 이와 같은 분산 서버의 네트워크 기술과 사용자에 대한 게임 운영 관리(GM) 기술, PC방, 초고속통신망(ADSL), 모바일 빌딩의 과금 시스템' 등 보완적 인프라에서 세계적인 비교 우위를 가지고 있다.[18]

선호 게임 플랫폼(%)

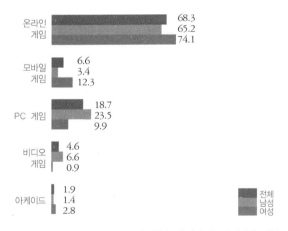

게임의 플랫폼은 게임의 구현 양식으로서 사용자들에 따라 기호가 나뉘기도 한다.
〈한국 게임 사용자들의 플랫폼별 게임 선호도 (2005.3)〉

한편 게임은 플랫폼뿐만 아니라 구현되는 콘텐츠의 장르에 따라서도 구분된다.

분류	정의	특성	예시
롤플레잉 게임(RPG)	가상 시나리오 내에서 주어진 역할(role)을 수행하는 게임	임무를 완수하고 장비와 스킬을 얻어가면서 캐릭터를 육성하는 재미. 플레이어의 자유도 높다.	마비노기, 뮤, 리니지,
어드벤처 게임	탐험, 수수께끼 풀기 등의 스토리에 주인공으로 참여하는 게임.	현실세계의 복잡성을 재현한 치밀한 디테일. 소설, 만화 등 이미 검증된 시나리오를 게임화하는 경향이 강함.	미스트, 레인보우 식스
시뮬레이션 게임	특수한 상황의 가상 공간으로 현실과 유사한 시뮬레이션 경험을 하도록 유도하는 게임.	무한 반복의 형식. 비행, 도시 건설, 우주전쟁 전략 등을 시뮬레이션화 한다.	스타 크래프트, 심시티
액션 게임	신체나 무기를 이용해 대전하는 격투 게임	다양한 전투 기술 시현과 키보드 조작의 재미. 화려한 그래픽과 사운드 효과.	소울 칼리버, 스트리트 파이터
스포츠 게임	축구, 농구, 야구 등 다양한 스포츠 종목을 게임화한 것.	실제 스포츠 스타의 각종 데이터를 게임에 적용, 현실감이 높은 경기를 구현.	FIFA 게임, NBA 게임, NFL 게임
보드 게임	현실의 판 위에서 벌어지는 오락거리를 게임화한 것.	조작이 용이하고 누구나 게임의 룰을 알고 있다는 장점을 가진다.	바둑, 장기, 고스톱, 포커

1990년대 후반부터 한국 게임 시장의 발전을 추동한 것은 온라인 게임 플랫폼에 롤플레잉 게임 장르가 결합된 형태였다. 사람들은 이것을 MMORPG(Massively Multiplayer Online Role Playing Game), 즉 다중 사용자 온라인 롤플레잉 게임이라고 말한다.

「리니지」「뮤」「월드 오브 워크래프트」「라그나로크」「RF 온라인」「구룡쟁패」「메이플스토리」「디아블로2」「길드워」「마비노기」「조이 시티」「레드 문」등 브랜드 인지도가 높아서 일반인들이 흔히 '온라인 게임'이라고 부르는 게임은 바로 이 MMORPG를 가리킨다. MMORPG는 현재에도 9세에서부터 29세에 이르는 연령대의 한국 게임 사용자들이 가장 선호하는 게임 장르이다.

MMORPG는 동시에 수천 명 이상의 사용자가 인공적으로 구현된 게임 속의 가상현실세계에 접속하여 마치 역할극의 배우처럼 각자의 역할을 맡아 움직이는 게임이다. 이러한 과정에서 사용자들의 캐릭터는 여러 가지 사건을 겪은 경험의 수치(경험치)에 따라 점점 더 높은 레벨로 성장해간다. 캐릭터의 성장은 그가 입는 옷과 사용하는 무기, 습득하는 스킬 등을 통해 가시적으로 표현된다.

MMORPG는 자연스럽게 한국 온라인 게임의 주류를 형성했다. 한국 온라인 게임의 발전사를 거슬러 올라가 보면 우리는 단군 시대를 배경으로 한 대한민국 최초의 온라인 텍스트 MUD(Multi User Dungeon) 게임, 「단군의 땅」을 만날 수 있다.

1994년 마리텔레콤에서 출시된 「단군의 땅」은 전화 접속 통신망을 사용해 분당 사용료 10~20원의 비싼 종량제 요금을 채택했으면서도 선풍적인 인기를 끌며 대한민국 온라인 게임의 효시를 이루었다.

한국 온라인 게임은 여기에서 도약하여 1996년 4월 넥슨의 「바람의 나라」를 선보였다. 「단군의 땅」이 텍스트를 기반으로 한데 반해 「바람의 나라」는 국내 최초로 그래픽을 기반으로 한 온라인 게임이었다는 것이 큰 매력으로 다가왔다. 「바람의 나라」는 10년이 지난 현재까지도 서비스 중일 정도로 사용자들의 지속적인 사랑을 받았다. 1997년에는 CCR의 「포트리스」가 출시되어 캐주얼 장르의 아케이드 게임도 얼마든지 온라인 게임으로 전환할 수 있음을 보여주었다.

1998년에는 세계 온라인 게임 시장을 뒤흔든 대작 「리니지」가 등장했다. 국내 2D MMORPG를 대표하는 「리니지」는 '혈맹'이라는 매력적인 게임 시스템과 성공적인 게임 운영 등으로 국내 최고의 온라인 게임으로 자리 잡았다. 이후 「리니지」

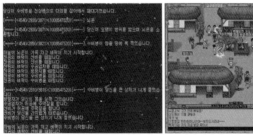

국내 최초 텍스트 기반 온라인 게임 「단군의 땅」. 그래픽 기반 온라인 게임 「바람의 나라」.

는 다양한 맵과 몬스터, 아이템들을 계속 추가하여 사용자들의 만족도를 높여갔다.

2000년을 통과하면 MMORPG를 중심으로 하는 한국 온라인 게임은 성숙기로 접어든다. 위메이드의 「미르의 전설」을 필두로 한 여러 게임들이 중국 시장에 진출하여 IT한류를 일으키고 대만과 홍콩, 동남아로까지 뻗어갔다. 2001년에는 국내 최초의 3D MMORPG로 웹젠의 「뮤」가 출시되었으며 2002년에는 2.5D(3D처럼 보이는 2D)로 구현된 그라비티의 「라그나로크」가 출시되었다. 특히 「라그나로크」는 사랑과 결혼의 스토리를 삽입한 특이한 시스템, 다양한 직업, 귀엽고 아기자기한 4등신의 캐릭터들로 인기를 끌었다.

2003년에는 Full 3D 그래픽을 구현한 「리니지2」가 출시되었다. 이 무렵부터 한국 온라인 게임은 포화 상태에 달한 국내 시장을 벗어나 해외 시장에서의 적극적인 승부에 나서게 된다. 2005년 현재 한국 온라인 게임은 블리자드의 「월드 오브

「라그나로크」의 '결혼'시스템.

워크래프트」, 소니의 「에버퀘스트2 이스트」 같은 해외 대작 MMORPG들과 세계 시장의 주도권을 놓고 경쟁하고 있다.

스토리텔링의 측면에서 한국의 MMORPG는 자연스럽게 '또 하나의 현실' '대안적 사회'로 변해갔다. 게임의 그래픽이 2D로부터 3D로 발전해가는 시스템의 발전 속도와 엇비슷하게 온라인 게임 내부의 스토리도 1인 캐릭터의 개인적인 성장과 모험에서 소집단(파티)의 전투, 나아가 길드(혈맹)의 성장과 전쟁으로 스토리의 규모가 확대되었던 것이다.

초기의 게임인 「리니지」가 PvP(Player vs Player), 즉 1 대 1 대인전 중심이었다면 후기의 게임인 「리니지2」는 GvG(Guild vs Guild), 즉 혈맹 대 혈맹의 집단 전투 중심이 되어갔다. 이에 따라 집단과 집단 사이의 관계, 개인과 집단 사이의 관계, 개인의 커뮤니티 활동 등이 매우 복잡하게 전개되었다. 이러한 스토리 규모 확대의 결과 MMORPG는 한국 사회에 기존의 상식으로는 도저히 이해할 수 없는 병리현상들을 가져오기도 했다.

먹지도 자지도 않고 400여 시간을 게임만 하다가 영양실조로 사망하는 '게임 중독'현상, 게임 내의 아이템 소유권을 둘러싼 폭력 범죄, 게임 아이템에 대해 수십만 원 내지 수백만 원의 현금이 지불되면서 파생되는 온라인 상거래 사기사건 등이 그것이다. 이러한 병리현상은 특히 정서적 욕구가 다양한 청소년층에서 '몰입과 일탈의 순차적인 과정으로 나타난다고 지적되기도 했다.[19]

게임 중독.

　이러한 병리현상의 원인은 MMORPG가 만들어내는 몰입
(flow)이 이제까지의 게임과는 비교할 수 없을 만큼 강하기 때
문이다. MMORPG는 기존의 오프라인 게임들이 만드는 재미
위에 컴퓨터 매개 커뮤니케이션(CMC)이 만드는 재미를 더하
고 그 위에 다시 소설과 영화로부터 발전된 디지털 스토리텔
링의 재미와 감동을 더했다.

　기존의 오프라인 게임은 기본적으로 기계, 즉 컴퓨터 프로
그램과 진행하는 게임이었다. 그러나 MMORPG는 다른 사용
자들의 캐릭터, 즉 살아 있는 진짜 사람들과 관계를 맺으며 진
행하는 게임이다. 온라인 게임 안에 내장된 채팅 인터페이스
는 '다음카페' '싸이월드'와 같은 컴퓨터 매개 커뮤니케이션의
채팅 공간과 본질적으로 동일하다. 이것은 게임 안의 공간이
실제의 내가 생활하는 공간과 유사한, 또 하나의 독립된 현실
이라는 생각을 심어준다.

기존의 컴퓨터 매개 커뮤니케이션 콘텐츠들은 의사소통 채널에 국한된, 한정된 관계만을 재현한다. 그러나 MMORPG는 그래픽으로 구현되어, 실시간으로 움직이는 자기 캐릭터의 동시적 상호작용성으로 인해 현실과의 완벽한 차단 및 또 다른 현실(게임 공간)로의 몰입을 제공한다.

더욱 중요한 것은 MMORPG에서 발생하는 디지털 스토리텔링이다. 사용자들의 관계에서 발생하는 대립과 협력, 우정과 증오의 이야기들은 사용자를 현실에서는 도저히 체험할 수 없는 재미있고 감동적이며 극적인 사건의 주인공으로 변화시킨다. MMORPG는 디지털 스토리텔링이 가지고 있는 서사적 감동과 상상력의 힘을 웅변하는 현실적인 증거이다.

이제부터 한국 온라인 게임에서 구현된 스토리들을 살펴보면서 한국형 디지털 스토리텔링의 실체에 접근해보자.

제2부 한국 온라인 게임의 특징

한국 온라인 게임의 플레이 방식과 스토리

    한국 온라인 게임 가운데 우리가 한국형 디지털 스토리텔링의 모델로서 주목하는 게임은 「리니지2」이다.

    엔씨소프트 사(社)의 「리니지2」는 「리니지」의 후속편으로 제작된 세계 최초의 풀 3D 온라인 게임으로 2005년 현재 대규모 다중접속 온라인 롤플레잉 게임(MMORPG) 분야를 대표하는 세계 최고의 게임이다. 2005년 3월 22일 현재 「리니지2」는 북미, 유럽, 중국, 일본, 대만, 한국 등 세계 12개국에 206만 명의 사용자와 25만 명의 동시 접속자를 가지고 있다. 「리니지」와 「리니지2」를 합친 현재 사용자 400만 명, 누적 회원 수 1,950만 명으로 이 숫자는 전 세계 온라인 게임 사용자의 50.9%를 차지한다.

엔씨소프트의
대표적인 온라인 게임
「리니지2」.

대부분의 온라인 게임이 그러하듯 「리니지2」 역시 클라이언트/서버 시스템으로 운용된다. 사용자들은 비디오 게임처럼 CD나 DVD를 구입하는 것이 아니라 게임 회사인 엔씨소프트사의 공식 홈페이지에 계정을 등록하고 게임 프로그램, 즉 클라이언트 프로그램을 다운받는다. 다운받은 프로그램을 자신의 컴퓨터에 설치한 뒤 인터넷으로 게임 회사의 서버에 접속해서 게임을 한다. 사용자들은 대개 자신이 접속한 시간에 따라 게임 회사에 일정액을 지불한다(2005년 4월 현재 한 달 개인 사용료 29,700원).

처음 「리니지2」의 가상현실 속으로 접속한 사용자는 캐릭터 리스트에 아무것도 없는 가상공간과 만나게 된다. 셀렉션 스크린(selection screen)이라고 부르는 여기에서 사용자는 자신이 원하는 모습으로 자신의 캐릭터를 디자인한다. 이러한 선택에는 종족, 성별, 외모뿐만 아니라 헤어스타일, 키, 피부색깔 등 다양한 디테일이 포함된다.

자신이 원하는 모습대로 캐릭터를 디자인하는 셀렉션 스크린.

　이러한 조형 과정은 사용자들에게 캐릭터와의 강한 감정적 유착을 창출한다. 현실 공간에서 나의 외모와 나의 이름은 내가 선택한 것이 아니었다. 나의 성장과정 또한 상당 부분 부모와 사회적 조건에 의해 결정된 것이었다. 그러나 가상공간에서 만든 나의 캐릭터는 전적으로 내 의지와 취향의 산물이다. 캐릭터의 외모와 이름, 그리고 성장 과정까지 어느 하나도 나의 노력이 아닌 것이 없다. 그런 의미에서 나의 캐릭터는 현실의 나보다 더 '나다운' 존재이다.

　마침내 레벨1의 캐릭터로 태어난 사용자는 종족에 따라 각기 다른 장소에서 게임을 시작하게 된다. 마을과 마을을 이동하며 게임 안에 등장하는 NPC들(Non-Player Character, 프로그램에 의해 만들어진 캐릭터)을 클릭하면 여러 가지 수행 과제인 퀘스트를 얻을 수 있다. 퀘스트를 수행하면 경험치와 돈 등을 보상으로 받는다. 다른 플레이어들과 협동하여 사냥을 하면서도 경험치를 쌓을 수 있다. 일정 경험치를 쌓으면 레벨이 높아져, 캐릭터의 능력이 향상되고 더욱 높은 종류의 아이템을 착용, 사용할 수 있게 된다. 또한 자신의 직업을 보다 전문화하여 선택할 수 있고, 플레이어들의 집단인 혈맹을 창설하여 군주가 될 수도 있다.

혈맹은 군주와 일반 혈맹원들로 이루어지며, 군주의 SP(스킬 포인트)와 아이템, 돈을 지불하여 혈맹 레벨을 올릴 수 있다. 혈맹의 레벨이 올라감에 따라 혈맹 내에서 할 수 있는 일들이 많아지고 혈맹원의 최대 인원수가 늘어나며 혈맹 간의 전쟁을 할 수 있게 된다. 혈맹 전쟁을 통해 혈맹은 그 세력을 넓힐 수 있으며, 4레벨 이상의 혈맹의 경우에는 성을 차지할 수도 있다. 성을 차지하기 위한 혈맹들의 전쟁이 바로 공성전이다.

이러한 플레이 방식으로 구현되는 「리니지2」에는 개인과 집단의 크고 작은 스토리들이 끊임없이 발생한다. 이 스토리들은 본질적으로 소설이나 영화 같은 전통적인 스토리와 동일하다.

온라인 게임에서 발생하는 스토리들도 아크 플롯, 내지 원형적 이야기의 개념에 충실하게 일치한다. 말하자면 온라인 게임과 소설, 영화의 장르적 차이를 넘어 대중적인 감동을 추구하는 모든 스토리는 "자신의 꿈을 이루기 위해 대립 세력의 외적인 힘과 싸우는 능동적인 주인공"의 스토리인 것이다.[20]

이때 주인공의 행동은 연속적이고 인과적으로 연결되는 허구적 리얼리티 속에서 절대적이고 돌이킬 수 없는 변화로 마감되는 마지막 순간까지 확실히 지속되어야 한다. 또 마지막 순간까지 주인공의 행동이 표방하는 주도적 아이디어(Controlling Idea)와 주인공의 행동을 방해하는 힘들의 대립적 아이디어(Counter Idea)가 분명하게 드러나야 한다. 모든 스토리는 이러한 두 가지 힘의 의미심장한 갈등(conflict)을 통해 작가가 자신의 인생에서 발견했던 진실을 관객 혹은 독자에게 전달한다.

이 같은 갈등이 경쟁(competition) 혹은 퍼즐(puzzle)의 이야기 구조로 전개된다는 점에서도 온라인 게임 스토리는 소설이나 영화와 동일하다.[21] 이 같은 이야기 구조를 통해 온라인 게임 스토리는 소설이나 영화와 같은 혹은 그 이상의 강한 몰입(Immersion)을 유도한다.

이처럼 온라인 게임의 스토리는 본질적으로는 소설이나 영화와 동일하다. 그러나 온라인 게임 스토리는 그것이 구현되는 방식에 있어서 소설이나 영화와 변별된다. 이것은 온라인 게임의 제작 과정이 갖는 디지털 미디어적 속성 때문이다. 이어지는 장에서 이 점을 짚어보자.

온라인 게임의 제작 — 허구적 공간의 구축

온라인 게임과 같은 디지털 콘텐츠는 겉으로 드러난 문화적 층위(cultural layer)와 안에 감추어진 컴퓨터 층위(computer layer)의 양면성을 갖는다. 이때 심층의 컴퓨터 층위는 표층의 문화적 층위에 강한 영향을 미친다.[22]

온라인 게임의 개발자들은 컴퓨터를 이용해 하나의 가상공간을 만들고 이 가상공간과 공간 안에 존재하는 캐릭터, 몬스터, 아이템들을 수치화된 데이터로 재현한다.

가상공간은 먼저 10m × 10m를 기본단위 1셀(cell)로 하는 세부 지역(zone)에 수치된 데이터로 만들어진 입체 형상들을 넣어가면서 시작된다. 이런 세부지역들이 모여 1리전(region)이 이루어지고, 하나 이상의 리전이 모여 1스페이스(space)를 만들며, 이런 스페이스들이 모여 하나의 게임 월드를 구성한다.

이러한 월드 위에 움직이는 캐릭터 역시 5-6개 정도의 특성마다 각기 다른 수치를 매김으로써 개성이 부여되어 저장된다. 캐릭터들이 수행하는 퀘스트 또한 상태치(status), 스킬치(skill point), 개수, 횟수, 파티원수, 시간 등의 특성에 각기 다른 수치를 매김으로써 묘사된다.

이처럼 온라인 게임에서는 과거 소설에서 배경, 등장인물, 사건으로 분류되던 요소들이 모두 컴퓨터로 조작할 수 있는 숫자 데이터, 계측 가능한 데이터의 집합으로 전환된다. 레프 마노비치는 이를 코드 전환(transcoding)이라는 말로 개념화했다.

온라인 게임의 세계는 이렇게 코드가 전환된 세계이다. 여기서는 과거의 세계를 이루었던 복잡한 요소들이 데이터와 데이터 운용방법(알고리즘)으로 단순화된다. 이것은 모든 것이 하나의 목록(list)으로 재현된 세계이며, 철저하게 탈(脫)역사화된, 평등하고 비위계적인 데이터의 세계이다. 데이터베이스 형식에서 모든 객체는 다른 객체와 동일한 중요성과 동일한 하찮음을 지닌다.

온라인 게임의 개발자들이 이러한 데이터베이스를 마련하면 사용자들은 그 위에 스스로 공간 이동(내비게이션)하면서 자기만의 스토리를 만들어간다. 사용자가 아무런 조작도 하지 않을 때 스토리는 정지된다. 온라인 게임에서 사용자들의 내비게이션은 삶(시간)의 표현이며 존재(공간)의 가장 가치 있는 형태로서 스토리텔링의 최종 형식이 된다.

온라인 게임에서의 사건은 사용자를 주체로 하는 허구적 공간에서 이루어진다.

이렇게 볼 때 온라인 게임 제작의 핵심은 캐릭터와 아이템이 배치된 게임 월드의 구축, 즉 허구적 공간의 구축이다. 이것은 전통적인 스토리텔링과 디지털 스토리텔링을 나누는 또다른 경계선이기도 하다.

소설이나 영화와 같은 전통적인 스토리텔링에서는 시간이 공간에 선행한다. 이에 비해 「리니지2」와 같은 온라인 게임 스토리텔링은 공간이 시간에 선행한다. 스토리의 구성 요소를 크게 사건과 존재물(캐릭터, 아이템, 장소)로 나눌 때23) 전통적인 스토리텔링은 시간적 연쇄를 갖는 사건의 구성을, 디지털 스토리텔링은 허구적 공간을 구성할 수 있는 존재물의 구성을 우선한다고 말할 수 있다.

전통적인 스토리텔링이 이야기 요소들을 종(縱)적으로 결합시켜 시간의 축으로 이어놓는 것이라면 디지털 스토리텔링은 선택 가능한 이야기 요소들을 횡(橫)적으로 병렬시켜 공간의 축으로 이어놓는 것이다.

소설이나 영화에서는 시간의 축이 실재하며 공간의 축은 작가의 상상 세계에는 있지만 사용자 앞에 구현된 텍스트에서는 가상적으로 존재한다. 반대로 「리니지2」와 같은 디지털 스토리텔링에서는 선택 가능한 존재물들이 만드는 공간의 축이 실재하며 시간의 축은 사용자에 따라 제각기 달라질 가능성을 안고 가상적으로만 존재하는 것이다.

　그러나 허구적 공간을 구축한 모든 디지털 스토리텔링이 사용자들의 흥미를 끌고 사용자의 참여와 내비게이션을 이끌어내는 것은 아니다. 그 허구적인 공간이 스토리가 자라날 수밖에 없는 서사 잠재력(the potential power of narrative development)을 가지고 있어야만 성공적인 스토리텔링이 이루어질 수 있다. 온라인 게임, 특히 MMORPG는 허구적 공간이 어떻게 서사 잠재력을 확보할 수 있는가를 두고 확연하게 두 가지 형태로 나누어진다. 바로 한국형 온라인 게임(Korean style MMORPG)과 서구형 온라인 게임(Western style MMORPG)이다.

한국형 온라인 게임과 서구형 온라인 게임

외견상 한국 온라인 게임과 서구의 온라인 게임은 유사한 게임 월드를 가진 것처럼 보인다. 한국과 서구를 막론하고 많은 온라인 게임들이 북유럽의 고대 혹은 고중세의 이미지 데이터베이스들을 차용한다. 거기에는 용과 괴물의 지하 동굴, 마법사들이 거처하는 산봉우리, 저주받은 거인의 탑, 성스러운 검이 보관된 성, 기사들의 길드 하우스 등이 있다.

그러나 게임 월드 속으로 들어가 보면 한국형 온라인 게임과 서구형 온라인 게임은 서로 전혀 다른 지향점을 갖는다.

PC 게임과 비디오 게임(콘솔 게임) 위주로 발달한 서구의 게임은 개발자의 스토리텔링이 매우 중요시된다. 서구형 온라인 게임의 개발자는 미션(mission)과 퀘스트(Quest)를 열심히,

그리고 많이 만들어 게임 안에 프로그래밍해 넣고 그것을 '게임 스토리'라고 말한다.

예를 들어 블리자드 사의 「월드 오브 워크래프트(World of Warcraft)」(2005)는 임무와 보상(mission & reward) 구조의 마이크로 플롯들을 무려 3천여 개나 내장하고 있다. 이러한 마이크로 플롯들은 마치 인상주의 회화의 점묘법(點描法)처럼 우주적인 규모로 벌어지는 전쟁의 벽화 위에 온갖 다양한 인물 군상들의 사연을 점처럼 찍어 넣어 수많은 희로애락이 소용돌이치는 거대한 스토리를 창조하고 있다.

이러한 서구형의 특징은 긍정적으로 보면 PC 게임 및 비디오 게임의 성과들이 온라인 게임에 계승되어 성숙된 게임 문화를 이루고 있다고 말할 수 있다. 그러나 비판적으로 보면 이러한 특징들은 한국에 비해 상대적으로 낙후된 IT 인프라 때문에 사용자 스토리텔링이 충분히 발전할 수 없었기 때문이라고 말할 수 있다.

게임 시장이 온라인 게임 중심으로 발전해온 한국의 게임에서는 사용자의 스토리텔링이 중시된다. 즉, 한국형 온라인 게임의 개발자는 사용자가 스토리를 만들어낼 수 있는 틀, 즉 스토리 환경(story environment)을 공들여 만든다. 한국 온라인 게임에도 개발자의 스토리가 있지만 그 비중은 매우 미미하다.

한국 온라인 게임의 미션과 퀘스트는 독창성이 없고 수적으로도 빈약하다. 어떤 수준의 맵(map)에 어떤 스토리가 들어가야 한다는 편집 디렉팅(Editorial directing)의 원칙 없이 촉박한 개발 일정에 맞춰 그때그때 편의에 따라 만들고 보충한 탓에 나중엔 누가 무슨 스토리를 써넣었는지 개발팀도 잊어버릴 정도이다. 한국의 개발자는 사용자 간의 관계가 극한의 갈등 상황으로 발전할 수밖에 없는 공간 자체를 만드는 데 노력을 집중하고 스토리의 상당 부분은 사용자들이 알아서 하도록 맡겨버린다.

이러한 한국형의 특징은 물론 비판적으로 볼 수도 있지만 긍정적으로 보면 온라인 게임 고유의 사회성(社會性)을 가장 잘 구현하고자 했던 노력의 결과물이다. 온라인 게임을 비디오 게임이나 PC 게임의 연장선상에서 생각했던 서구의 개발자들보다 한국형 온라인 게임의 개발자들은 온라인 게임 고유의 속성을 더 확실하게 이해하고 있었다.

온라인 게임을 하는 '사용자'는 단순한 '게이머(gamer)'가 아니다. 온라인 게임의 사용자는 단순히 게임을 '하는' 것이 아니라 게임을 또 다른 사회 현실로 '살아간다'. 온라인 게임의 사용자는 말하자면 단순히 게임적 흥미를 즐기는 것이 아니라 사용자들 사이의 사회적 관계에서 형성되는 연대감, 동류의식, 커뮤니티 활동을 즐기고 배운다.

한국 온라인 게임 스토리의 선구적인 연구자 가운데 한 사람인 전경란 교수는 이를 'MMORPG의 사회성'이라고 부른다. 즉, MMORPG의 캐릭터는 사용자가 조작할 수 있는 대상이지만 동시에 다른 사용자 캐릭터들과의 관계 속에서 사회적 의미를 부여받는다는 것이다. "「리니지」에서 사용자는 군주나 기사, 요정이라는 가공의 인물이 되어 가상공간에 존재한다. 이들은 「리니지」의 가상세계에서 사회적 명성을 얻기도 하고, 부와 권력을 기반으로 위계가 형성되기도 하며, 공동체를 통해 친분 관계를 맺거나 서로 적대자가 되기도 함으로써 게임 개발자가 부여하는 게임 캐릭터의 성격 이상의 모습을 갖게 된다."[24]

이처럼 한국의 온라인 게임 사용자들은 단순히 게임적 경험을 원하는 것이 아니라 보다 발전된 '게임화된 사회적 경험'을 원한다. 이것은 「다크 에이지 오브 캐멀롯」「에버퀘스트」와 같이 '세계적으로 성공한 온라인 게임'이라고 말하는 서구형 온라인 게임이 한국 시장과 한국을 추종하는 중국 시장에 진입하지 못한 가장 중요한 요인이다.

230여 개의 풍부한 온라인 게임이 서비스되고 IT 인프라 및 온라인 게임 운용을 뒷받침하는 다양한 보완적 인프라가 갖추어진 한국에서는 서구형 온라인 게임과 같은 어정쩡한 형태는 통용되지 않는다. 수준이 높은 한국의 사용자들은 캐릭터가 보다 실감나는 사회적 성장을 할 수 있는 시스템을 원한다.

현대 사회에서 사회적 성장이란 매순간 자기 개인에게 무슨 일이 일어나고 있는가를 계속 스스로 질문해야 하는 부단한 자기성찰의 과정이다.[25] 실제의 사회적 삶에서 미션에 참가한 사람이 모두 똑같은 보상을 받는 행복한 경우는 거의 없다. 그리고 실제의 사회적 삶은 어느 정도 위험의 범위를 예상할 수 있는 환경에서 단조롭고 의무적인 노동의 반복이다.

실제의 사회적 삶을 추구하는 한국의 온라인 게임 사용자들은 하나의 미션에 여러 명이 함께 파티 플레이(party play)로 참가해서 동일한 경험치를 받는 유치하고 동화적인 스토리를 싫어한다. 한국의 온라인 게임 사용자들은 소위 '솔로잉(soloing)'이라고 부르는 1인 단독 플레이를 하면서 운명의 불평등함을 있는 그대로 경험하기를 원한다. 또 혼자 놀고 혼자 쉬면서 자기 성찰을 할 수 있는 시스템을 원한다. 그렇기 때문에 그것이 자기 성장을 위한 과정이라면 '노가다'라고 폄하되는 단순 반복 행위일지라도 기꺼이 감수한다.

또 한국의 온라인 게임 사용자들은 순간순간 자신의 성장을 가시적으로 확인할 수 있는 화려하고 고급스러운 아이템(Item), 즉 옷과 장비, 무기를 매우 심각하게 추구한다. 전투에 실질적인 도움이 되면서 자기 캐릭터만의 특별한 개성을 표현할 수 있는 아이템이 있다면 그것은 어떤 희생을 치르더라도 획득하고자 한다. 그 희생이 현실의 푼돈벌이 같은 '앵벌이'의 지루한 경험일지라도 개의치 않는다.

또 온라인 게임을 또 하나의 사회적 삶으로 받아들이는 한국의 온라인 게임 사용자들은 '사회'를 느낄 수 있는 스케일을 요구한다. 그러므로 게임의 메인 스토리는 최소한 일백 명이상, 나아가 수백 명, 수천 명, 수만 명의 운명이 좌우되는 거대한 공성전과 혈맹전 같은 것이어야 한다.

이 같은 MMORPG의 사회성은 한국 온라인 게임의 사용자들의 의식을 강력하게 지배하고 있다. 최근 MMORPG의 한계

엔씨소프트와 아레나넷이 만든
토너먼트 RPG 「길드워」

를 극복한다는 목표로 개발된 토너먼트 RPG 「길드워」의 사례는 이러한 현실을 잘 보여준다.

「길드워」의 개발자들은 기존의 MMORPG가 획일화의 함정에 빠져 있다고 생각했다. 그들은 기존의 MMORPG에서 '레벨업(Level up)'을 위한 단순작업이 게임의 전부가 되는 현상에 대해 강한 비판의식을 가지고 있었다. 기존의 MMORPG는 상상력이 풍부한 사람과 단순한 사람, 게임 플레이를 잘하는 사람과 못하는 사람, 전략적 사유를 할 줄 아는 사람과 아무 생각이 없는 사람이 구별되지 않고 오직 레벨만이 모든 것을 말해주는 게임이라고 판단되었다.

그래서 개발자들은 「길드워」를 모든 플레이어가 쉽게 최고 레벨에 도달하고 그 뒤에는 모두가 동일한 레벨에서 전략적 상상력을 통해 무한 경쟁을 즐기는 대전 토너먼트 RPG로 만들었다. 그리고 하나의 서버에서 전 세계의 길드워 파이터들이 함께 모여 자웅을 겨룰 수 있는 획기적인 시스템을 도입했다. 전 세계의 사용자들을 하나의 서버 안에 수용하면서도 비디오 게임만큼 정교한 상태 정보의 처리를 구현했다.

「길드워」는 언론에서 '온라인 게임의 역사를 새로 썼다고 특필될 만큼 우수한 작품성을 가진 게임으로 출시되었다. 미국의 유명 웹진 게임스팟(gamespot.com)은 「길드워」에 한국업체의 게임 중 역대 최고점수인 9.2점을 주었으며 북미와 유럽 지역의 게임 시장에서 출시 2개월 만에 65만 명의 유료회원을 확보, 비디오 온라인 게임을 통틀어 판매 1위를 기록하는 개가를 올렸다.

그러나 「길드워」는 정작 온라인 게임의 메카인 한국에서는 기대 이하의 부진한 성적을 거두었다. MMORPG의 사회성에 익숙한 한국인들은 「길드워」를 전투가 겨우 8명 대 8명의 규모로 전개되는 소품형 게임, '솔로잉'을 하기 어려운 게임, '앵벌이'를 통한 캐릭터 성장이 어려운 게임, 캐릭터의 레벨 업에 따른 다른 캐릭터와의 차별화가 어렵고 레벨업의 단계가 너무 짧은 게임, 아이템들이 너무 평범한 게임으로 받아들였다. 게임적인 재미를 극대화한 이 게임에서 한국의 사용자들은 '게임'의 재미보다 '또 다른 삶'의 재미를 요구했다.

이처럼 한국형 온라인 게임은 서구형 온라인 게임과는 매우 다른 문화적 의미를 가지고 있다. 한국형 온라인 게임 안에서 일어나는 스토리텔링은 '미래의 인간 커뮤니케이션 형식을 만들어낼 거대한 실험'이라는 말이 무색하지 않을 만큼 독특하다. 그렇다면 한국형 온라인 게임은 도대체 어떤 스토리텔링의 원리를 가지고 진행되는 것일까. 이제부터 한국형 온라

인 게임의 스토리텔링이라는 좀 더 구체적인 주제로 들어가
보자.

제3부 한국 온라인 게임 스토리의 구현 원리

자발적 갈등 형성의 원리

한국 온라인 게임 스토리의 첫 번째 구현 원리는 사용자들의 '자발적인 갈등 형성(voluntary configuration of conflict)'이다.

에스펜 아세스는 소설이나 영화에서 독자의 가장 중요한 역할이 해석적(interpretative)인 데 비해 게임에서 사용자의 가장 중요한 역할은 형성적(configurative)이라고 지적한 바 있다.[26]

그러나 콘솔 게임이나 서구형 온라인 게임에서는 사용자가 스토리를 구성하기는 하지만 갈등상황 자체를 형성하지는 않는다. 갈등상황 그 자체는 게임 개발자에 의해 이미 만들어져 주어진다. 사용자는 주어진 갈등상황에서 자신의 행동을 선택함으로써 스토리를 만들어낸다. 여기에 비해 한국의 온라인 게임에서는 사용자가 스스로 자신의 갈등상황까지 구성한다.

예컨대 「리니지2」에도 개발자가 만든 스토리와 갈등상황이 존재하기는 한다. 그러나 그런 스토리와 갈등상황은 일반 사용자들의 게임 플레이에 거의 영향을 끼치지 않는다. 심지어 그런 스토리를 전혀 몰라도 게임을 하는 데 아무 문제가 없다.

사용자는 주로 「리니지2」의 복잡한 정치적 지형도 안에서 자기 의지로 특정한 혈맹을 선택함으로써 자신이 직면할 갈등상황을 스스로 만들어낸다. 각 혈맹들은 사교 커뮤니티인 '친목혈'이 될 수도 있고 전쟁 집단인 '전쟁혈'이 될 수도 있다. 전쟁혈의 경우에도 어떤 동맹에 가담하여 누구와 대립할 것인지를 자발적으로 선택한다. 각각의 선택에 따라, 또 각 시기에 따라 빚어지는 갈등상황은 전혀 다르다. 이러한 자발성은 게임의 스토리에 심오한 실존적 고뇌를 채색한다.

저는 어제까지 5혈 소속 AK혈맹원이었던 엘프 최강입니다. 한때 혁명 혈맹원이었으나 개인적인 문제로 혈맹탈퇴를 하여 이 캐릭터를 두 달가량 봉인을 시키고 무혈(無血)로 지냈었습니다. 무혈로 지내며 제조취급도 받고 해킹도 당했습니다. 그러나 혁명을 탈퇴하고 다른 혈맹으로 갈 수가 없었기에 무혈로 지내오다 하나연합이 4혈과 휴전상태로 유지되자 옛 동지였던 수원성(지금의 AK) 혈맹원이 되었습니다. 그러나 며칠 전 혁명이 5혈과 다시 적혈이 된 이후 혁명 사람들과 도저히는 전쟁을 할 수 없었기에 AK를 탈퇴하였습니다. 개인적으로 반5혈로서 전쟁을 하며 이 게임을 즐길까

합니다. 전쟁을 하는 어느 장소에서든 저를 반5혈로 이해해
주시고 전쟁을 하며 즐기는 이 게임, 저에게도 저 스스로도
감정 없이 즐겁게 전쟁하기를 원합니다.[27]

엘프 최강은 바츠 서버의 전설적인 무사로 만렙(75레벨)의
레인저(궁수)이다. 그는 바츠 해방 전쟁 당시 바츠동맹군(혁명
군)의 선봉에 섰던 붉은혁명혈맹의 1파티 혈맹원이었다. 붉은
혁명혈맹이 도덕적 타락으로 비난받을 때 지도부와 싸우고
탈퇴한 뒤 지배혈맹과 단독 게릴라전을 전개했다. 그는 '비셔
스 스탠스' 등의 대인전 극한 스킬(지속적으로 공격력과 방어
력이 소모되지만 해당시간 동안 강력한 공격력을 발휘할 수 있는
기술)을 모두 켜고 싸우는 전투 기술이 매우 특출했다.

자유게시판의 다른 문건들을 분석해보면[28] 무혈 시기 그는
'제조'(상대방의 공격을 유도하여 죽인 뒤 장비를 빼앗는 사람)의
오명을 얻었고 너무 외로운 나머지 잘해주는 사람에게 정을
주었다가 장비를 빼앗기고 해킹을 당하기도 했다. 클로즈 베
타 시절 안타라스의 동굴에서 함께 사냥을 하며 자란 소위
'용던 동창생'들이 화려한 궁성에서 군주로, 총군주로 출세가
도를 달리는 동안 그는 후미진 골짜기와 들판을 헤매며 수모
를 겪었다.

궁지에 몰린 그는 어쩔 수 없이 옛 바츠동맹군의 동지였던
앤시언트 킹덤혈맹(이하 AK)에 몸을 맡겼다. 그러나 얼마 후
AK혈맹은 과거의 적이었던 지배혈맹과 제휴하여 지배 5혈맹

의 일원이 되었다. 위의 고백은 엘프 최강이 다시 AK혈맹을 탈퇴하고 붉은혁명혈맹으로 복귀하면서 쓴 글이다.

이 담담한 어조 밑에는 격렬한 애증이 교차하고 있다. 그것은 아무리 현재 혈맹의 명령이지만 과거 혈맹의 전우들에게 차마 칼을 겨눌 수는 없었다는 내면의 분열, 우정을 나눈 현재의 혈맹원들에게 "친구야, 내일부터 주저하지 말고 나를 쳐라, 나도 너를 죽일 것이다"라고 말해야 하는 실존의 고뇌들이다.

이와 같은 갈등상황은 게임 개발자들에 의해 프로그래밍된 것이 아니라 사용자 스스로가 선택하고 배열한 서사에 의해 자발적으로 형성된 것이다. 더욱 중요한 것은 이처럼 사용자가 자발적으로 형성한 갈등상황이 수천 시간씩 지속되며 점점 더 강화된다는 점이다. 연구자에 따라서는 서구형 온라인 게임에도 사용자가 자발적으로 형성한 갈등상황이 있다고 주장할 수도 있을 것이다. 그러나 그것은 결코 이처럼 전면적이지 못하다.

수십만 명의 사용자가 모여 그들 스스로 만들어낸 갈등상황이 수천 시간씩 지속되며 그 속에 장강의 물결처럼 많은 사연들이 굽이치는 스토리는 한국형 온라인 게임만이 보여주는 독특한 서사라고 하지 않을 수 없다.

온라인 게임의 사용자를 포함하여 모든 인간은 갈등을 좋아하지 않는다. 스토리의 전개에 개입할 수 있는 상호작용성이 보장되면 사람들은 슬픔, 분노, 충격, 공포 등의 불쾌한 감정적 경험을 유발할 수 있는 갈등상황을 완화시키려 한다. 이덕무의 「은애전」은 1800년대 종로에서 장화홍련전을 읽어가던 전문직 소설 낭독자(傳奇叟)가 소설 내용을 듣고 분노한 독자에 의해 살해된 일화를 전하고 있다. 사람들은 스스로 갈등을 선택하고자 하지 않을뿐더러 남이 제공하는 갈등조차 쉽게 참지 않으려고 한다.

오늘날 '디지털 스토리텔링'이라고 말해지는 많은 스토리들이 진부하고 뻔한 소재, 지루한 전개와 누구나 예측할 수 있는 결말을 보여주는 이유는 이 때문이다. 이것은 독자에게 스토리에 참여하는 기회를 제공할 때 발생하는 본질적인 위험이다. 앤드류 그래스너는 이를 "상호작용성은 스토리를 발전시키지 않는다"는 말로 정의하고 있다.[29]

그러나 「리니지2」를 비롯한 한국 온라인 게임은 '자발적 갈등 형성'이라는 원리를 통해 이런 상호작용성과 서사성의 대립을 넘어선다. 이러한 사용자의 자발적 갈등 형성은 디지털 스토리텔링의 상호작용성이 보여주는 여러 유형 가운데 가장 복잡하고 수준 높은 국면이다.

온라인 게임에서는 개발자에 의해 주어진 갈등보다 사용자가 스스로 만들어낸 갈등이 훨씬 더 심오하고 감동적이며 가치가 높다. 이것은 사용자가 상호작용성을 통해 어떤 스토리에 참여한다고 할 때 단순히 독자로서 참여하는 경우, 독자인 동시에 주인공으로 참여하는 경우, 독자인 동시에 주인공이고 동시에 작가로서 참여하는 경우의 차이이다.

한국형 온라인 게임 스토리텔링의 첫 번째 원리는 수십만 명이 자기 자신을 어떤 스토리의 작가이며 주인공이며 독자라고 느끼도록 만들며 실제로 그렇게 스토리가 개발된다는 것이다. 이때 그 스토리에 대한 감정적 몰입과 그 스토리에 발휘될 집합 지능의 창조력은 이전에 존재했던 어떤 이야기 예술과도 비교할 수 없을 만큼 큰 것이다.

상호작용의 위치	독자	독자⌒주인공	독자⌒주인공⌒작가
이야기 예술	소설, 만화, 영화	비디오 게임 서구형 MMORPG	한국형 MMORPG
독자와 갈등의 관계	작가에 의한 갈등 형성	작가에 의한 갈등 형성	독자 자신에 의한 갈등 형성
감정적 몰입과 집합지능의 창조력	●	●●●	●●●● ●●●●●

이처럼 한국 온라인 게임 스토리텔링의 첫 번째 원리는 자발적 갈등 형성이다. 그런데 여기서 중요한 문제는 온라인 게임을 만들고 그 가상공간에 롤플레잉에 필요한 모든 도구들을 배치한다고 해서 사용자들의 자발적인 갈등 형성이 일어나지 않는다는 사실이다. 한국에서 서비스된 많은 온라인 게임 가운데 이러한 자발적 갈등 형성이 발생하여 장시간의 스토리텔링이 지속되는 경우는 소수의 성공한 게임들에 국한된다. 이

어지는 두 번째 원리는 자발적 갈등 형성을 유도할 수 있는
가상공간의 조건과 결부된다.

친교 모형 확장의 원리

한국 온라인 게임 스토리는 스토리가 작품에서 구현되는 시간, 즉 담화 시간(discourse time)의 길이가 매우 길다. 장편소설의 스토리는 5시간 정도에 읽을 수 있는 300페이지 내외의 인쇄 매체로 구현된다. 영화의 스토리는 1시간 40분 정도에 관람할 수 있는 120장면 내외의 영상 매체로 구현된다. 그러나 한국 온라인 게임의 스토리는 자주 1,000시간 이상을 플레이해야 끝을 볼 수 있는, 네트워크화된 컴퓨터 환경에서 구현된다.

스토리가 다루는 사건 자체의 시간, 즉 사건 시간(event time)에서는 온라인 게임을 능가하는 소설과 영화가 있을 수 있다. 예를 들어 이보 안드리치(Ivo Andrich)의 노벨문학상 수상작(1961)

『드리나 강의 다리』의 사건 시간은 400년이다. 드리나 강의 다리를 주인공으로 한 이 소설은 드리나 강의 다리가 세워지기 전인 15세기 말부터 제1차 세계대전의 발발로 다리가 파괴되기까지 400여 년에 걸친 사건들을 다루고 있기 때문이다.

그러나 온라인 게임 스토리보다 담화 시간이 더 긴 소설이나 영화는 존재하기 어렵다. 2004년 5월에 시작된 「리니지2」의 바츠 해방 전쟁은 8,600시간이 지난 2005년 5월 29일 현재까지 끝나지 않고 있다. 2004년 6월 '정의와 자유'를 외치며 바츠 해방의 깃발 아래 모였던 40개 혈맹들은 지배혈맹 연합군에 의해 거의 모두 토벌되었지만 아직도 소수의 혈맹들이 항전하고 있기 때문이다.

네버 엔딩 스토리(Never-ending story)라는 개념은 게임 자체가 끝나지 않는다는 말의 수사학적 표현일 뿐이며 모든 스토리와 마찬가지로 온라인 게임 스토리에도 끝은 있다. 그러나 한국 온라인 게임의 경우 그 스토리의 끝은 이제까지의 서사이론에서는 한 번도 다루어지지 않았을 만큼 길다.

이와 같은 장기 지속성(long continuity), 이야기가 장시간 길게 이어지는 현상은 우연히 생겨난 것이 아니다. 사용자들에게 계속 해야 할 일을 주고, 또 주어진 일에 흥미를 느끼게 만드는 구조 때문이다. 이것은 한국 온라인 게임 스토리의 두 번째 원리인 친교 모형의 확장(expansion of intimacy Matrix)의 원리를 시사한다.

온라인 게임의 스토리 환경 속에 들어온 사용자들은 아무리 일시적이라고 해도 다른 사용자들과 사회적인 집단을 형성한다. 앤드류 글래스너는 이러한 온라인 게임 내부의 사회적 집단에 익명성과 친밀성의 축, 소규모와 대규모의 축으로 정의할 수 있는 친교 모형(intimacy Matrix)이 존재한다고 지적했다.30)

글래스너의 분류 도식에 따르면 「리니지2」에 존재하는 다양한 사회적 집단들은 아래와 같은 친교 모형으로 정의할 수 있다.

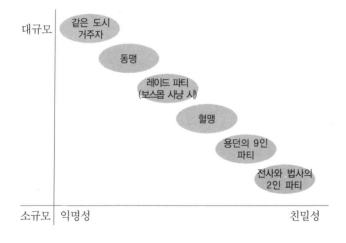

이처럼 2인 파티에서 같은 도시 거주자로 점점 더 규모가 커져 가는 친교 모형은 「리니지2」의 스토리텔링에서 매우 중요한 역할을 한다. 사용자들은 이런 친교 모형 때문에 레벨이

올라갈 때마다 더 중요하고 더 의미 있어 보이는 '일'을 발견한다.

우리는 앞서 제1부 네 번째 장에서 한국 온라인 게임의 발전사를 요약하면서 개인 대인전(PvP) 중심에서 집단 대인전(GvG)으로 변화해온 흐름을 짚어본 바 있다. 한국 온라인 게임의 스토리는 기본적으로 사용자로 하여금 레벨이 올라갈수록 점점 더 큰 집단의 이야기에 참여하도록 고무시켰다. 더 큰 집단의 친교 모형 속에는 더 높은 수준의 평판(reputation)과 존경(respect), 도전(challenge)들이 존재한다.

이러한 친교 모형의 확대는 한국 온라인 게임의 스토리텔링을 유지시키는 데 중요한 역할을 한다.

우리는 2000년 4월에 출시된 액토즈 소프트의 「천년(千年)」을 하나의 사례로서 주목할 수 있다. 2000년 당시 한·중·일 동양 3국을 무대로 한 정통 무협 MMORPG를 표방했던 「천년」은 북유럽 신화에 기초한 서구적인 배경 스토리의 MMORPG에 식상했던 사용자들에게 참신한 인상을 불러일으켰다. 2000년 여름 「천년」은 「리니지」의 동시 접속자 수를 위협할 만큼 큰 인기를 끌었다. 그러나 얼마 후 「천년」의 사용자 수는 급전직하로 떨어졌고, 2005년 현재는 서버당 사용자 수가 100명 내외라고 하는, 잊혀진 게임이 되고 말았다.

온라인 게임의 스토리텔링을 유지하지 못한 이러한 사례는 기본적으로 친교 모형 확대의 실패에 기인한다.

「천년」은 무공을 수련하며 레벨을 높여가는 과정에 대단한 게임적 재미를 내장하고 있었다. 다양한 변수 때문에 절대적 우위보다 상대적 우위에 가깝게 디자인된 레벨업 시스템은 나만의 고유한 상승무공을 가질 수 있는 기회를 제공했다. 그리하여 캐릭터에 대한 사용자의 애착과 몰입은 매우 높았다. 그런데 문제는 이런 훌륭한 무공을 완성한 뒤에 사용자가 할 일이 없다는 것이었다.

온라인 게임의 스토리텔링은 단순히 사냥할 수 있는 더 높은 레벨의 몬스터가 있다는 것으로 유지되지 않는다. 친교 모형이 확대되면서 사용자에게 더 중요하고 더 의미 있어 보이는 '일'이 주어져야 한다. 그리고 일과 관련된 사회적 집단이 존재함으로써 사용자가 그 일의 수행이 더 높은 평판과 존경, 이후의 더 중요한 도전과 연결될 수 있음을 확실히 느껴야 한다.

「리니지2」는 친교 모형의 확장이 자연스럽게 잘 이루어진 예를 보여준다. 예컨대 아름다운 리니지 월드의 엘프 마을에서 레벨 1의 여자 캐릭터로 태어나면 사용자들은 무엇을 하면 좋을지 어림잡을 수가 없다. 흡사 안개 속에 갇힌 고독한 인간처럼 망연한 느낌, 그것은 철이 들고 나서 인생에 대해 처음으로 느꼈던 망연함 바로 그것이다.

어설픈 활을 하나 들고 초원으로 달려갈 때 한 줄기 바람처럼 그녀의 연약한 지체를 감싸는 빌 브라운의 애조 띤 음악. 그것은 미래의 희망보다 불안과 슬픔, 비극을 동반하는 「리니지2」 세계의 독특한 정조를 가르쳐준다. 그러나 그 세계는 곧 그녀에게 살아 있는 사람들의 다양한 캐릭터들을 만나게 한다.

「리니지2」의 세계에는 과묵하고 스타일리시한 인간들, 청순하고 요염한 엘프들, 근엄하고 강건한 오크들, 귀엽고 친근한 드워프들, 음울하고 색정적인 다크 엘프들의 형상을 한 파란만장한 사연들을 가진 캐릭터들이 움직이고 있다. 그 세계에서 그녀는 길동무들, 파티원들, 혈맹의 전우들, 은인들, 적들, 분홍색 이름의 깡패들과 붉은색 이름의 살인범들, 그리고 수많은 몬스터들과 어떤 형식으로든 관계를 형성한다.

그녀가 맨 처음 만드는 관계는 전사와 법사의 2인 파티이다. 「리니지2」에는 무수한 직업이 존재하며 그 직업들은 기본적으로 공격을 전담하는 전사(戰士)와 전사의 버프 및 힐을 담당하는 법사(法師)의 두 계열로 나뉜다. 처음에 혼자 몬스터 사냥을 하던 사용자는 금방 전사와 법사의 2인 파티를 통해 사냥을 하는 것이 훨씬 더 효율적이라는 것을 발견하고 자신의 '짝'을 찾게 된다.

전사 법사 커플은 최소 규모이면서 동시에 매우 친밀성이 높은 집단이다. '그들의 사랑'이라는 「리니지2」의 플레이동영상은 죽은 남자 전사를 부활시키려다 절망하고 결국 복수를 위해 연인의 칼을 들고 일어서는 여자 법사의 이야기를 그리고 있다.[31] 이처럼 전사 법사 커플의 관계에서는 현실의 연인들에 필적하는 강렬한 감정적 결합이 창출되기도 한다.

그다음 그녀가 만나는 집단은 높은 레벨의 몬스터들을 사냥하기 위해 일시적으로 팀을 이룬 9인 파티이다. 안타라스의

죽은 연인(남자 전사)을 바라보는
여자 법사 「리니지2」 플레이동영상
'그들의 사랑'.

동굴 같은 지역에서 조직되는 이러한 사회적 집단은 픽업
(Pickup) 시스템으로 인해 소규모이면서도 익명적이다. 이런 9
인 파티에서 그녀는 다양한 역할을 가진 직업들이 서로의 부
족한 점을 보완하고 장점을 발휘하는 역할 놀이(롤 플레잉)의
진수를 체험한다.

이런 9인 파티를 만들 무렵 그녀는 약 40명 정도로 이루어
지는 혈맹이라는 집단을 만나게 된다. 혈맹은 「리니지2」의 스
토리를 움직이는 가장 중요한 집단이다. 「리니지2」의 사용자
들은 기본적으로 혈맹이라는 집단에서 자신의 사회적 삶을 완
성한다.

수백 명이 모여 거대 몬스터를 사냥하는 보스몹 레이드 역
시 기본적으로는 혈맹끼리의 연락을 통한 연합으로 이루진다.
'기란성 마을'처럼 하루 수만 명의 유동인구가 북적거리는 도
시 거주자들의 느슨한 군중 집단 속에서도 혈맹들이 만나는
포스트가 있고 아지트가 있다. 혈맹 전쟁이 발발했을 때도 그
녀는 9인 파티로 편성되는 소부대에 소속되어 움직이지만 기

본적으로 이런 9인 파티도 혈맹에 기초하고 있으며 자기 혈맹과 뜻을 같이하는 동맹의 범위에 묶인다.

혈맹에 기초한 그녀의 친교 모형은 사실상의 무한 확장이 가능하다. 혈맹은 단순히 동맹으로 확장되는 것이 아니라 혈맹 전쟁의 복잡한 정치적 구도 아래에서 확장과 축소, 해체와 재구성을 반복하면서 무한히 변화하기 때문이다. 동맹과 적대 동맹의 거대한 사회 집단은 그녀에게 존경과 사랑 그리고 증오와 살의(殺意)의 광대한 네트워크를 선사한다. 그녀의 삶이 끝나는 것도 이와 같은 친교 모형 속에서이다.

혈맹 전쟁이 격화되면 사용자는 사랑하는 전우와 함께 싸우다 하루 수십 차례 전사한다. 죽을 때마다 경험치를 깎여 레벨 다운이 이루어지며 지속적인 살인은 그녀의 이름을 붉게 만든다. 살인 패널티에 의해 '카오틱 캐릭터'가 되어 아무나 죽이고 장비를 빼앗아갈 수 있는 취약한 존재로 변하는 것이다. 며칠 후에 그녀는 더 이상 쓸 수 없는 캐릭터가 되어 게임으로부터 사라진다.

통계자료에 따르면 이러한 결말에 이르기까지 사용자가 「리니지2」를 플레이하는 시간은 혈맹 전쟁의 시간을 제외하고 최소 465시간이다.[32] 이처럼 온라인 게임 스토리는 그 월드 전체의 운명과 결부된 집단의 스토리와 개인의 스토리 모두 소설이나 영화와는 비교할 수 없을 만큼 긴 시간에 구현되며 그 긴 시간 동안 친교 모형의 확장을 통해 스토리텔링의 힘이 유지된다.

공간적 역동성의 원리

한국 온라인 게임 스토리의 세 번째 원리는 공간적 역동성 (spacial dynamism)이다. 한국 온라인 게임의 공간은 공간 자체가 서로 대립되는 힘들의 갈등을 함축하고 있는, 물질적이면서 동시에 기호적인 세계이다. 사용자가 접속하는 순간 공간 자체가 지닌 역동성이 사용자에게 일정한 행위를 유도한다. 말하자면 공간에 유도되는 상호작용(guided interactivity)이 나타나는 것이다.

이와 같은 공간적 역동성은 기본적으로 서로 대립되는 힘의 교호작용에서 발생한다. 개념적으로 정리하자면 그것은 일상적 합리성의 힘과 일상파괴적인 비합리성의 힘 사이의 교호작용이다. 한국 온라인 게임의 공간에는 서로 이질적일 뿐만 아니라 융합 불가능한 이 두 가지 힘이 충돌하면서 역동성이 발생하고 그에 따라 스토리가 전개되는 구조가 존재한다.

먼저 한국 온라인 게임의 공간에 존재하는 일상적 합리성의 힘을 살펴보자.

처음 사용자가 접하는 온라인 게임의 공간은 매우 낯설고 특별한 세계(strange and special world)처럼 보인다. 사용자들은 익숙하고 평범한 세계(ordinary world)를 벗어나 아주 낯설고 특별한 세계로 들어가 영웅만이 겪을 수 있는 특별한 체험을 한다. 그리고 그 체험의 감흥과 통찰을 가지고 다시 평범한 세계로 돌아온다. 이것은 신화에서부터 소설이나 영화 등 모든 이야기 예술에서도 마찬가지인 3단 구조이다.

평범한 세계	특별한 세계	평범한 세계
분리(separation)	통과제의(initiation)	회귀(return)
사용자의 현실	온라인 게임의 가상현실	사용자의 현실

그러나 온라인 게임의 특별한 세계는 소설이나 영화의 특별한 세계와 조금 다르다. 소설이나 영화는 가만히 있어도 스토리가 진행되지만 온라인 게임은 사용자가 상호작용을 통해 뭔가를 움직이지 않으면 스토리 자체가 발생하지 않는다. 이 때문에 온라인 게임의 특별한 세계는 사용자들이 쉽게 조작할 수 있도록 디자인되어야 한다.

환상적인 자연과 몬스터들, 신화적인 등장인물들이 움직이는 온라인 게임의 세계는 매우 낯설다. 그러나 일단 그 세계 안으로 진입하면 사용자들은 자신이 그러한 이미지 데이터베이스들을 극히 쉽게 조작할 수 있음을 알게 된다. 데이터베이스가 환상적이고 복잡하면 복잡할수록 데이터의 알고리즘은 더욱 더 단순해진다. 그 알고리즘은 바로 사용자들이 익히 알고 있는 현대도시의 생활양식이다.

한국에는 2004년 2월 현재 230여 개의 MMORPG 게임이 서비스되고 있다. 이러한 온라인 게임들의 월드는 대략 8가지 기능의 26가지 세부 공간을 내장하고 있다. 26가지 세부공간을 항목만 나열하면 아래와 같다.

① 상행위 공간 : 상점, 노점상 NPC, 노점상 PC, 공방, 경매장, 창고, 은행
② 성장의 공간 : 스킬 트레이너 하우스, 수련장, 종족별 성소(聖所), 직업별 성소
③ 전투의 공간 : NPC 대결 지대, 사용자 간 대결지대 (PvP zone), 안전지대
④ 이동이 이루어지는 공간 : 버스 터미널(space 내 이동 지점), 항구(space 간 이동지점)
⑤ 커뮤니티 활동 공간 : 광장(일반 유저 활동 공간), 아지트(길드원 활동 공간)
⑥ 휴식의 공간 : 여관(숙박 공간), 병원(의료 공간), 사원과 교회(종교 공간)

⑦ 등록의 공간 : 시청(유저의 전입신고 장소), 경찰NPC

⑧ 유흥의 공간 : 오락실(미니 게임 공간) 도박사NPC, 경
마장(레이싱 도박 공간)

이처럼 한국 온라인 게임의 세부 공간들은 사용자들이 익
히 잘 알고 있어서, 금방 무슨 행동을 해야 할지 간파할 수 있
는 자본주의 현대도시의 생활상을 게임의 알고리즘으로 내장
하고 있다. 이러한 알고리즘은 온라인 게임에 따라 조금씩 달
라지지만 대체로 일관되게 지켜진다.

예를 들어 「리니지2」의 월드는 첫째, ①의 상행위 공간이
단순화되어 경매장이나 은행들이 독립되지 않고 상점으로 통
합된다. 둘째, ②의 성장 공간들은 다른 기능의 공간과 융합된
다. 셋째, ③의 전투 공간들은 분화되어 확대되는 양상을 보인
다. 넷째, ⑥휴식의 세부 공간들이 축소되거나 사용자 캐릭터
의 속성으로 전이된다. 다섯째, ⑦등록의 세부 공간들이 축소
되거나 게임 시스템의 규칙으로 통합된다.

이처럼 한국 온라인 게임의 공간에는 자본주의 현대도시를
지배하는 일상적 합리성의 힘이 존재한다. 물건값은 기본적으
로 자유시장경제의 수요와 공급 법칙에 의해 합리적으로 결정
된다. 누구의 캐릭터라도 그 자신의 성장을 위해 지루한 시간
을 보낸다. 거기에는 현실세계와 똑같이 사람들이 살고, 일하
고 소비하고 부를 축적한다.

그러나 다른 한편 한국 온라인 게임의 공간에는 사용자들

의 일상적 질서 감각을 무너뜨리는, 강력한 비합리성의 힘이 존재한다.

이러한 비일상성은 먼저 융합(convergence)으로 나타난다. 예를 들어 「리니지2」의 다양한 세부 공간들은 현대 자본주의 도시 공간의 기능을 반영하지만, 캐릭터의 직업과 패션, 아이템들은 12~13세기 서유럽의 기사 집단의 생활상을, 그리고 배경 스토리에서는 신화적인 힘들의 투쟁을 다룬 선사 시대의 구전문학을 각각 차용하여 융합시키고 있었다. 이러한 융합성은 낯설고 이상한 세계의 비일상성을 만들어낸다. 근본적으로 이러한 낯섦과 이상함은 시대와 시대가 섞이고, 문화와 문화가 섞이며, 인간과 컴퓨터가 섞이는 디지털 미디어 시대의 다층적 혼혈성(Multi-level hybridity)을 반영한다.

「리니지2」의 배경 스토리에 따르면 일찍이 세상을 다스리고 모든 세계를 지배한 것은 '현명한 거인들'이라고 불리던 거인족이었다. 고도로 발달된 과학기술을 가지고 초고대문명을 건설했던 이 거인들은 그 자부심 때문에 신들에게 도전하였고 마침내 신들과의 전쟁으로 멸망하고 말았다. 「리니지2」는 이렇게 거인들이 사라지고 신들 또한 자신들이 창조한 세계와 생물에 실망하여 침묵한 뒤 이 세상에 버려진 다섯 종족들 – 엘프, 다크엘프, 드워프, 오크, 휴먼 – 의 이야기이다.

이 다섯 종족들은 아직 사라지지 않고 있는 신화적 힘의 마물(魔物)들과 싸우며 각기 자신들의 역사를 개척해간다. 그러므로 「리니지2」에서는 자본주의적 현대도시의 일상적 기능이 존재하는 바로 옆에 신화로부터 튀어나온 몬스터들과의 대결이라는 비일상성이 존재하는 것이다.

나아가 성공한 게임, 특히 「리니지2」와 같은 게임의 비일상성은 이런 컴퓨터에 의해 프로그램된 몬스터의 존재에 그치지 않는다.

거기에는 현실세계에서는 찾아보기 힘든 악들이 존재한다. 그 악은 컴퓨터에 의해 프로그램된 것이 아니라 인간의 공격적이고 경쟁적인 충동이 해방되면서 나타난, 살아 있는 사람들의 생생한 악이다. 「리니지2」에서 일반 사용자들은 지배혈맹에 의해 사냥터에서 아무 죄도 없이 하룻저녁에 수백 명씩 학살당하며 통제령에 따라 자유를 억압당하고 척살령이라는 공포와 폭압의 그늘에서 살아간다.

이것은 강인한 신경을 지닌 의지적 인간들의 원초적인 권력 충동이 맥박치는 세계이다. 이것은 허구만이 가능한 감정적 경험의 세계이며 미스테리와 힘, 그리고 마법으로 가득 찬 '전혀 다른 세계'이다. 제4부에서 다루게 될 이 같은 악은 게임의 공간에 말초적인 동시에 비합리적이고 초자연적인 힘들을 소환한다. 그리하여 이러한 공간으로의 접속은 사용자들에게 일상의 질서 감각이 파괴되는 고통과 함께 일상탈출의 해방감을 촉발시킨다.

앞서의 일상적 합리성이 현대 대도시의 현실세계와 거의 유사한 경제 질서에 기초하고 있다면 이와 같은 일상파괴의 비합리성은 신화적 고대의 정치 질서에 기초하고 있다. 「리니지2」가 구현한 성공적인 공간적 역동성의 원리는 이처럼 서로 이질적인 힘들을 서로 인접시켜놓았다는 것이다.

문학작품에서 은유는 유사성(similarity)에 의해, 환유는 인접성(contiguity)에 의해 새로운 제3의 의미를 발생시킨다. 예컨대 "내 마음은 호수요"라는 은유는 마음과 호수가 '넓다' '맑다'라는 유사함에 의해 연결되어 새로운 의미를 발생시키지만 "백수의 탄식"이라는 환유는 실업자와 '백수(白首)', 즉 공직자의 관을 쓰지 않은 맨머리라는 인접성에 의해 새로운 의미를 발생시킨다. 그런 의미에서 한국 온라인 게임의 공간적 역동성은 환유적 인접성에 의해 발생한다고 말할 수 있다.

「리니지2」의 월드는 2005년 4월 현재 16개의 마을, 6개의 성, 40개의 사냥터(필드), 15개의 지하사냥터(던전)로 구성되어

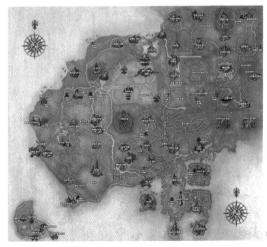

「리니지2」 월드.

있다. 이 가운데 「리니지2」 월드의 경제적 중심지인 기란성과 정치적 중심지인 아덴성은 서로 남북으로 인접해 있다. 북쪽의 아덴성에 거주하는 지배혈맹 군주를 향해 집중되는 정치적이고 폭력적인 힘과 남쪽의 기란성에서 광대한 필드를 향해 확산되는 자유로운 상거래의 경제적이고 민주적인 힘들은 서로 강력한 교호작용을 일으키게 된다.

「리니지2」에서는 정치적 중심지인 아덴성과 경제적 중심지인 기란성이 인접해 있을 뿐만 아니라 주요한 5개의 성과 그 성에 연결된 마을들도 공간적으로 인접해 있다. 「리니지2」 월드의 정치를 움직이는 것은 아덴성, 오렌성, 디온성, 기란성, 인나드릴성, 글루디오성이라는 6개 성을 차지한 혈맹과 그 혈맹의 군주들이다. 이 지배혈맹의 군주들은 모든 마을의 상거래에서 15% 내외의 세금을 징수하며 '척살령'발동 등의 통치행위를 통해 치안을 유지하거나 혈맹 전쟁을 수행한다.

한편 「리니지2」 월드의 경제를 움직이는 것은 아덴성 마을, 오렌성 마을, 디온성 마을, 기란성 마을, 인나드릴성 마을, 글루디오성 마을이라는 6개 성에 바로 인접한 자치도시들이다. 이 도시들은 군주의 거성에 세금을 바치기는 하지만 현실적으로 이동과 상거래의 자유가 보장되며 일상행동에서 지배혈맹의 통제를 받지 않는다. 대부분의 사용자들은 이 자치도시를 드나들며 상거래를 하고 스킬을 배우며 물건을 보관하고, 커뮤니티 활동을 한다.

이와 같은 아덴성과 기란성, 거성들과 자치도시들의 공간 분

할은 리니지 월드에 다양한 공간적 역동성을 만들어낸다. 아덴성과 기란성, 거성들과 자치도시들의 힘은 서로 대립하고 격돌한다. 필드로부터의 모든 행동(내비게이션)과 정보가 군주의 거성을 향해 수렴되는 '집중'의 흐름이 나타나며 반대로 자치도시로부터 필드로 펼쳐지는 '분산'의 흐름이 나타난다.

이러한 공간적 역동성의 원리는 지속적으로 사용자들의 행동을 유도한다. 역동적인 공간 속에서 사용자의 행동은 삶(시간)의 표현이며 존재(공간)의 가장 가치 있는 형태이다. 그들의 행동은 숙명적인 구속을 넘어 자유를 확대시키는 창조적 힘의 행사를 내포하고 있다.

윤리적 가치 창조의 원리

한국 온라인 게임의 스토리에서는 게임 개발자에 의해 만들어진 텍스트, 즉 텍스톤(texton)보다 게임 사용자에 의해 구현된 텍스트, 즉 스크립톤(scripton)이 스토리로서 훨씬 더 심오하고 감동적이며 가치가 높다.[33)

「리니지2」를 비롯한 한국의 온라인 게임들은 혼란스럽고 무의미하게 느껴지는 현실의 바깥에 많은 사람들의 가슴에 너무도 진실하게 와 닿는 대안적 우주를 만들고 인생의 숨겨진 의미를 드러내었으며 세계에 대한 동시대인의 질서 감각을 반영하는 솔직하고 힘 있는 스토리들을 만들었다. 그러나 이 같은 스토리는 모두 사용자들이 만들어낸 것이며 개발자들의 작가적 의도가 반영된 결과물이 아니었다.

「리니지2」의 실제 사용자들에 의해 게임 텍스트로 구현되는 스토리는 개발자들에 의해 만들어진 배경 스토리와 거의 연관성이 없다.

실제 사용자들에 의해 전개되는 스토리는 통시적으로 2단계로 나뉜다. 1단계는 소위 '솔로잉'이라 불리는 개개인의 몬스터 사냥이 주요한 내용이 되는, 대개 1레벨에서 51레벨까지의 성장과정이다. 2단계는 소위 '혈맹'이라 불리는 커뮤니티 활동이 주요한 내용이 되는 대체로 52레벨에서 75레벨까지의 성장과정이다. 전자에서는 대체로 용감하고 박력 있고 때로는 열광적인 몬스터 NPC와의 전투가 벌어지며 후자에서는 집단과 집단, 개인과 개인의 잔인하고 처절하고 살벌한 전투가 나타난다.

사용자들은 이 과정에서 몬스터를 잡기 위해 서로 협력하는 행복하고 평화로운 상호 부조의 세계로부터 서서히 혈맹 사이의 격렬한 경쟁, 자극적이고 강박적인 전쟁의 세계로 빠져든다. 그들이 궁극적으로 도달하는 세계는 모호하고 추상적인 관념이 아니라 행위와 감성이 즉자적으로 연결되는 행동주의의 공간이다. 그들의 캐릭터는 사랑과 우정, 사회적 교제의 인간으로부터 마침내 투철한 절망의 행동가로 변모해간다.

나는 싸움의 승리는 어느 쪽이 더 굳은 의지를 가지고 있
는가에 달려 있다고 생각했다.
하지만 지금 나의 의지는 우리의 의지는 흔들린다.

끝이 명확해 보였던 전황은 안개 속으로 빠져들고
승리를 눈앞에 둔듯했던 우리의 함성은 잦아든다.
땅속으로 묻힐 듯했던 적은 다시 날카로운 칼을 뽑아들고
우리의 동맹은 움츠러든 채 물러선다.
우리의 힘은 적의 숨을 끊기에 너무 미약하고
우리를 쓰러뜨리는 적의 활보다 동료들에게서 자신의 약
한 모습이
투영되어 보이는 것을 더 두려워한다.
우리의 약함을 비웃음당하며 차가운 용던 바닥, 적의 발
치 앞에 누운 채
동지들을 한없이 기다린다.
그리곤 깨닫는다.
같이 피를 나누며 싸우다 어느새 우리 옆에서 사라진 채
기억에만 남아 있는
그 수많은 동료들을.
그리고 지금 아무도 보이지 않는 어두운 던전의 밑바닥.
나는 외로이 칼을 휘두른다.
스스로 묻는다. 나는 왜 이러고 있는가
나의 기억은 답한다
항상 용던의 입구에서 환영해주던 그들의 모습을
렙업 여행을 위해 인사하던 나에게 아무 말 없이 수십만
아덴을 건네주려던 그 사람을.
자신들은 수십 번씩 누우면서 어쩌다 눕는 힐러인 나를
보고

분노하고 안타까워하는 그들의 모습을

만스킬의 레벨이 반으로 깎여 누운 채 경험치 보상 없는

부활을 망설이던 나에게

오히려 고맙다고 웃어주던 그의 모습을

그리고 그때 시전을 하면서 가슴속으로 눈물을 삼키던

나의 모습을

동지들이여

조금만 기다려주소서

기필코 적을 멸하는 그날까지

우리의 피는 같이 오만의 탑을 적실 것이오.[34]

　

최후의 내복단 가운데 한 사람인 제로더켓이 쓴 이 소박하고 거친 언어의 시는 어떤 문학적인 기교나 사상에도 의존함이 없이, 오직 행동의 언어로서 표현되는 실존적 고뇌를 보여준다.

이 시는 바츠 혁명이 허무하게 좌절된 뒤 최후의 몇몇 혈맹만이 남은 시대적 상황을 반영하고 있다. 한때 광야를 가득 메웠던 내복단 동지들은 하나둘 현실과 타협하여 순응의 길을 걷거나 접속을 끊고 게임으로부터 사라졌다. 시의 화자는 지배혈맹과 싸우면서 동시에 과거의 기억과 싸운다.

문맥에 따르면 화자의 직업은 프로핏(인간 종족의 치유사)이다. 프로핏은 부활 스킬을 가지고는 있지만 죽은 전사의 경험치를 20%밖에 복구시키지 못한다. 80%까지 경험치를 복구

시켜주는 비숍(인간종족의 부활 전문 치유사)이 있지만 난전의 소용돌이에서 매번 비숍을 만난다는 것은 매우 어렵다.

프로핏은 자신의 부활로 살아난 동지가 다시 최전선으로 달려가 '자유 만세'를 외치며 죽어갈 것을 알고 있다. 그렇게 수십 차례 죽은 끝에 더 이상 장비를 들 수조차 없는 캐릭터가 되어 게임으로부터 사라져갈 것을 알고 있다. 자신의 부활 스킬은 동지를 영원한 죽음으로 데려가는 수단이 된다. 이런 기억과 싸우며 시의 화자는 용던(안타라스의 동굴)의 차가운 바닥에 그 자신도 죽어 쓰러져 있다.

「리니지2」에 구현된 개인의 투쟁과 죽음이라는 이 깊고도 고독한 골짜기에는 타인이 출입할 수가 없다. 「리니지2」에서는 모두 외롭게 살고 있고 죽을 때도 외롭게 죽는다. 이 냉혹한 운명을 받아들이고 "우리의 피는 같이 오만의 탑(DK혈맹의 본거지)을 적실 것이오"라고 말하는 화자는 「리니지2」에서 사용자들이 만들어낸 스토리의 깊이를 보여준다.

편의주의적으로 융합된 개발자 스토리와는 달리 「리니지2」의 사용자 스토리는 삶의 무의미함을 충분하고 명확하게 인식하고 행동하는 절망자들의 이야기이다. 그들은 공포를 가로질러 행동을 추구한다. 그 행동은 약자의 체념을 거부하는 진정한 강자의 용기로서만 얻을 수 있는 행동이다.

「리니지2」의 사용자들은 레벨이 높아지면 높아질수록 점점 더 위험하고 더 모험적인 행동으로 자신의 죽음에 도전한다. 죽음을 넘어서는 것은 인간에게 맡겨진 일이 아닐지라도 죽음을 통해 어떤 의미를 만들어냄으로써 죽음에 대항하는 것은 인간에게 맡겨진 것이다. 혈맹 전쟁에서 표현되는 사용자들의 행동은 삶의 표현이며 존재의 가장 가치 있는 형태이다. 그 행동은 인간의 굴레로부터의 자유를 위한 창조적 힘의 행사를 내포하고 있기 때문이다.

현실의 사용자들은 대부분 존엄성이 없는 삶을 꾸려나가고 있다. 이런 사람들에게 「리니지2」의 사용자 스토리는 약한 사람들의 정의와 자유를 위해 목숨을 바치는 체험의 존엄성을 환기시킨다. 이러한 존엄성은 굴욕과 반대되는 것이다. 그것은 인간을 주눅 들게 하고 타락하게 하는 사회적 구조에 대한 반대하는 행동으로부터 태어난다.

바츠 해방 전쟁은 이미 실패했다. 2005년 5월 현재 지배혈맹에 대항하고 있는 소수의 전쟁 혈맹들(붉은혁명혈맹, 버지니아혈맹, 필링혈맹)과 극소수의 내복단들은 그들이 도저히 이길 수 없는 전쟁을 하고 있으며, 자신의 캐릭터가 봉인되는 파멸의 길을 가고 있다는 것을 알고 있다.

그러나 혁명은 혁명에 종사하는 사람들을 구원해준다. 혁명은 고독한 개인들을 묶어주는 의지의 결합을 창조한다. 또 그리고 그들은 이 같은 결합을 통해 인생에 의미를, 죽음에 가치를 부여하고자 한다. 이러한 희망과 행동에 의해서 결합된 사람들은 혼자서는 도달할 수 없는 영역에 도달한다. 혈맹 전쟁에서의 죽음은 강렬한 의의로 충만된다. 사용자들은 그와 의지를 함께했던 맹우 옆에서 죽는다. 그의 죽음은 그것을 지켜

보는 다른 사용자들의 의분에서 새로운 희망을 낳는다.

이처럼 「리니지2」에서는 개발자가 마련한 스토리의 텍스톤보다 사용자가 만들어낸 스토리의 스크립톤이 더욱 심오한 문학적 깊이를 보여준다. 거기에는 인간 고독의 비극적 감정과 함께 삶과 죽음에서 어떤 의의를 발견하고 광대하고 무서운 세계 앞에서 자유와 품위를 지키려는 강한 의지와 윤리의식이 약동하고 있다.

이것은 사용자들이 과거 앙드레 말로의 『인간 조건』, 생 덱쥐베리의 『전시조종사』, 데이비드 린 감독의 「아라비아의 로렌스」와 멜 깁슨 감독/주연의 「브레이브 하트」에서 보았던 것과 똑같은 사상과 깊이와 감동을 지닌 스토리이다. 다만 다른 것은 '자유만세'를 외치면서 죽어가는 그 고귀한 희생자가 멜 깁슨이 아니라 사용자 자신이라는 점이다.

이와 같은 고귀한 희생들은 한국 온라인 게임 스토리만이 가지고 있는 윤리적 가치 실현(Realization of Moral Value)의 원리를 보여준다. 한국 온라인 게임의 사용자들은 제이크 호슬레이가 '홀로그램 윤리학(hologram ethics)'이라고 가정했던 사이버 공간의 자생적인 윤리를 실제로 실현했다.

「리니지2」와 같은 온라인 게임 세계의 캐릭터들, 즉 매트릭스 워리어들에게는 자신의 존재 자체가 컴퓨터 프로그램에 의해 만들어진 하나의 인공적인 구조물이다. 이렇듯 인공적으로 창조되었다는 사실 자체가 자신의 개체에 계획적 정확성과 유일성의 가치를 부여한다. 그들의 삶은 픽션이지만 픽션이기 때문에 더욱더 현실 이상의 심미적 가치와 윤리적 가치를 가져야 한다는 입장이 가능한 것이다.35) 한국 온라인 게임은 사이버 공간에서 진행되는 미래의 인간 커뮤니케이션들이 어떤 윤리를 스스로 만들어내는가를 보여주는 인류사의 시금석이다.

이제까지 우리는 소설과 영화, 콘솔 게임, 그리고 서구형 온라인 게임과 다른 한국 온라인 게임만의 독특한 스토리 구현 원리를 살펴보았다. 이어지는 장에서는 「리니지2」 바츠 해방 전쟁의 스토리를 중심으로 이와 같은 온라인 게임 스토리가 실제로 어떻게 구현되었는가를 살펴보기로 하자.

제4부 한국 온라인 게임 스토리의 구현 사례

—「리니지2」바츠 해방 전쟁

전쟁의 배경

　「리니지2」의 스토리 연구에서 가장 중요한 논의의 대상으로 떠오르는 것은 제1서버(바츠 서버)에서 2004년 6월에 발발한 '바츠 해방 전쟁'이다. 「리니지2」에는 33개의 서버(server)가 있다.[36] 이 가운데 바츠 서버는 가장 역사가 오래된 서버로서, 개발사에 대한 사용자들의 항의 시위가 일어나는, 정치적 대표성을 가진 서버이다. 여기서 일어난 바츠 해방 전쟁은 「리니지2」에서 발생한 많은 스토리 가운데 현실세계의 일간지에 보도될 만큼[37] 큰 사회적 반향을 일으킨 사건이다. 이 스토리는 유례가 없이 긴 담화 시간을 가질 뿐만 아니라 스토리 자체의 성격에서 대안적 우주(alternative universe)와 집합지능(collective Intelligence), 숭고(the Sublime)의 체험이라는 온라인 스토리만의 세계관적, 서사적, 미학적 특징들을 뚜렷이 보여주고 있다.

「리니지2」의 세계는 레벨에 따른 계층적 차별성이 뚜렷하게 제시되는, 철저한 계층 분화의 사회이다. 레벨에 따라 입는 옷과 쓰는 무기 등 아이템이 다르며 출입할 수 있는 지역이 다르다.

「리니지2」의 스토리 세계에는 현실 역사의 '민중 계층'에 비유될 수 있는 계층이 존재한다. 통계 자료를 보면 40레벨 이하의 캐릭터들로 규정되는 이 민중계층은 2003년 11월 25일 현재 전체 「리니지2」 플레이어의 85.9%를 차지한다.[38] 한편 55레벨에서 75레벨 사이의 캐릭터이면서 지배혈맹에 소속되어 있는, 현실 역사의 '군사 귀족 계층'에 비유될 수 있는 계층 역시 뚜렷이 존재한다.

높은 레벨이 되어 세력이 있는 혈맹에 들어가면 멋진 무기에 좋은 옷을 입고, 아름다운 성에서 살며 자신의 권력을 과시하고 자유를 누릴 수 있다. 낮은 레벨의 군소 혈맹원들은 수시로 공격당해 죽고 들판에서 혈맹 모임을 가진다. 사냥터에 자유롭게 출입할 수 없기 때문에 레벨을 높일 수 있는 기회도 적다.

이러한 계층 분화는 레벨 차이에 따른 이해관계의 상충을 가져와 혈맹 전쟁의 확산을 막는 요인으로 작용하기도 했다. 전쟁 혈맹의 혈맹원이 되기 위해서는 최소 55레벨 정도가 되어야 하며 DK혈맹과 같은 이름 있는 혈맹에 가입하기 위해서는 최소 61레벨에서 65레벨이 되어야 한다. 따라서 혈맹 전쟁은 이만큼 레벨이 높은 전쟁 혈맹 사람들만의 관심사였던 것이다.

이와 같은 「리니지2」 세계에서 대대적인 민중 봉기가 일어난 2004년 6월의 바츠 해방 전쟁은 매우 이례적인 일이었다. 바츠 해방 전쟁은 「리니지2」 세계를 근본적으로 동요시켰다. 바츠 해방 전쟁은 위협하면 굴복하고 때리면 죽는 민중들이 권력을 전복시킬 수도 있다는 것을 보여주었다. 민중의 고조되는 열광은 시스템 상으로 불가능하다고 여겨지던 승리들을 만들어내었다.

이러한 승리들은 크라토스(Kratos), 즉 거칠고 원초적인 물리력이 지배하던 세계에 에토스(Ethos), 즉 정신적이고 도덕적인 가치 이념을 출현시켰다. 이후의 「리니지2」 세계에서는 어떤 권력도 이 같은 에토스의 전제 없이는 피지배계층의 복종 내지 권력에 대한 묵인을 얻어낼 수 없다는 진리39)가 확인되었다.

혈맹 전쟁이 모든 사용자들의 전쟁으로 확산된 바츠 해방 전쟁의 발발에는 두 가지 경제적·정치적 요인이 작용했다.

첫째는 10%에서 15%로 바뀐 2004년 2월 16일의 세율 인상이었다.40) 15%의 세금이란 상점에서 거래되는 모든 물품대금의 15%를 그 성을 차지한 지배혈맹과 개발회사가 나누어 갖는 것이다. 그동안 지배혈맹은 이러한 세금으로 전비(戰費)

와 조직 관리 자금을 조달하고 개발회사는 이를 통해 게임머니의 과도한 인플레이션을 예방해왔다.

그러나 2월 16일의 세금 인상은 시기적으로 저레벨 민중계층의 불만에 불을 당기는 구실을 했다. 40레벨 이상이 사용하는 C급 아이템, 그리고 52레벨 이상이 사용하는 B급 아이템은 아예 상점에서 구할 수가 없기 때문에 세금 인상에 직접적인 영향을 받지 않는다. 이런 무기들은 드워프 캐릭터 등을 육성하는 사용자들이 자체 제작해서 사용자들끼리 사고팔기 때문이다. 또 61레벨 이상이 착용하는 A급 아이템은 워낙 희귀해서 통계적인 의미가 없다.

결국 세금 인상은 상점에서 무기와 옷, 마법방어를 위한 장신구, 각종 물약, 각종 마법서를 사야 하는 40레벨 이하 D급 아이템과 무급 아이템 사용자들에게만 적용되었다고 볼 수 있다. 특히 중요한

	아이템명	등급	공격력
	단검	무급	5
	뼈단검	무급	7
	나이프	무급	10
	파냐드대거	D	45
	쿠쿠리	D	56
	저주받은 메인거쉬	D	62
	니들 올브린	C	94
	다크 엘븐 대거	C	94
	저주받은 단검	C	94
	크리스	B	153
	악마의 단검	B	170
	블러디오키드	A	186
	소울세퍼레이터	A	203

「리니지2」의 아이템. 일정 등급으로 나뉘어 있으며 A로 갈수록 희귀하다. 레벨이 높아져야 좋은 무기를 들 수 있다.

것은 정령탄 가격의 상승이었다.[41] 한번 사냥을 나가면 1만 발 이상 소모되는 정령탄이 세금 인상으로 인해 D급 한 발에 12아덴에서 17아덴으로 오른 것은 경제적 축적의 기회가 적은 저레벨들에게 "생계를 위협하는 변화"였다고 할 수 있다. 이러한 불만은 세금을 징수하는 지배혈맹에 대한 분노로 이어져 해방 전쟁에 대한 광범위한 공감대를 만들었다.

바츠 해방 전쟁이 발발한 두 번째 요인은 정치적인 압제였다. 2004년이 넘어서면 바츠 서버에는 항상 1천 개가 넘는 혈맹들이 존재하게 된다.[42] 이 가운데 '쟁혈'이라 불리는 전쟁혈맹과 '친목혈'이라 불리는 사교 혈맹의 경계는 매우 유동적이다. 쟁혈 내부에도 사교 활동이 있고 친목혈도 다른 혈맹에게 전쟁을 선포하면 전쟁혈이 되기 때문이다. 둘 가운데 「리니지2」 세계의 역사를 움직이는 것은 바로 전쟁혈이다.

전쟁혈들은 다른 혈맹보다 더 레벨이 높고, 더 오랜 시간 활발히 접속하며, 더 PvP 전투(플레이어 간의 대인전)에 능한 혈맹원을 영입하기 위해 경쟁한다. 이러한 세력 경쟁에서 승리한 혈맹이 지배혈맹이 된다. 때때로 최강의 조직을 구축한 거대 지배혈맹의 군주는 다른 유력 혈맹들과 단합하여 공포와 전율로 얼룩진 철권통치를 구현할 수도 있다.

당시 「리니지2」 바츠 서버에서 일어난 것이 바로 이와 같은 지배혈맹의 철권통치였다. 그것도 현실적으로 실각의 가능성이 거의 없는 장기 집권의 독재 체제였다.

바츠 해방 전쟁사 연표

2003. 7. 9   「리니지2」 오픈베타 시작.

2003. 7. 26   DK혈맹(당시 군주-광검), 전 서버 최초로 혈맹레벨 3에 도달.

2003. 8. 3   후일 DK혈맹의 군주가 되는 아키러스 전 서버 최고 레벨(당시 51레벨)로 등장.

2003. 8.14   DK혈맹 최초로 보스 몬스터 코어를 정복.

2003. 9.14   DK혈맹 제네시스, 신의 기사단과 3혈맹 연합을 결성, D.S 혈맹을 주축으로 한 반란 진압.

2003.10. 9   DK, 제네시스, 신의 기사단 기란성에서 정식 동맹식 체결. 3혈 독재 시대 시작.

2004.11. 2   DK혈맹 최초로 피의 군주 누르카 정복. 최초로 혈맹 아지트를 획득.

2004. 3.19   아키러스 전 서버 최초로 75레벨에 도달.

2004. 3.23   거대 3혈동맹 단결식.

2004. 5. 9   붉은혁명혈맹 기란성 점령. 바츠 해방과 모든 세금 폐지(세율 0%) 선포.

2004. 5.23   거대 3혈동맹 붉은혁명혈맹으로부터 기란성 탈환.

2004. 6.10   '바츠 해방 전쟁'에의 참전을 호소하는 문건들 출현.

2004. 6.14   안타라스의 동굴(일명 용던) 입구에 최초의 내복단 'K-내복단' 2개 파티가 출현.

2004. 6.14~6.19. 내복단의 절정기. 바츠 혁명군 곳곳에서 승리.

2004. 6.19   내복단의 타락 현상 나타남. 바츠 혁명군이 내복단을 공격하는 사태가 보도됨.

2004. 6.28   제네시스혈맹 3혈동맹 탈퇴, 바츠 혁명군에 투항, DK, 신의 기사단, 정혈, 위너스 4혈동맹 결성.

2004. 7.17.	혁명군, 아덴성 공성에 성공. '바츠 해방의 날' 선포됨.
2004. 7.18.	아덴성의 소유권(제네시스혈맹이 각인)을 둘러싼 혁명군의 상호 비방 시작됨.
2004. 7~11월.	혁명군, 오랜·아덴·기란·글루디오 4개성 점령. DK혈맹, 오만의 탑에 은신.
2004. 8.28.	신의 기사단을 선봉으로 한 4혈동맹 오랜성 탈환 시도. 바츠 혁명군에 패퇴함.
2004.11.18.	붉은혁명과 리벤지 혈맹전 선포. 바츠 혁명군 분열.
2004.12.17.	제네시스, 리벤지, 붉은혁명, 용던에서의 오토 행위로 도덕성이 비판됨.
2004.12.19.	정혈, 혁명군의 오랜성 공격을 단독으로 방어함. DK,신의 기사단, 위너스, 글루디오성을 탈환함.
2005. 1.27.	DK혈맹, 무제한 척살령 다시 발동함.
2005. 4.20.	신의 기사단, 제네시스혈맹을 섬멸하고 혈맹을 해체시킴.

위의 연표에서 보듯이 2003년 7월 6일 오픈 베타 테스트가 시작된 직후부터 바츠 서버를 지배해온 것은 드래곤 나이츠(Dragon Knights: 일명 DK) 혈맹이었다. 이미 「리니지1」에서부터 활동하여 조직을 정비한 상태에서 「리니지2」로 넘어온 DK혈맹은 가장 먼저 강력한 전투력을 가진 혈맹원들을 규합한다. 그 뒤 DK혈맹은 「리니지2」의 신화적 고대 세계에서 집단으로 구현되는 인간 의지의 강렬함을 유감없이 보여주었다.

DK혈맹의 지도부들은 '통제령'을 통해 좋은 아이템과 경험치를 얻을 수 있는 사냥터들을 봉쇄하여 다른 사용자들의 출입을 막았다. 나아가 '척살령'을 발동하여 피의 독재를 전개하면서 자신이 독점한 사냥터에서 '오토'라고 불리는 자동 매크로 프로그램 사냥을 통해 24시간 아덴(리니지 세계의 통화)을 벌어들였다. 또 그때그때 유력한 다른 혈맹들과 적절히 제휴함으로써 대항 혈맹들의 도전을 성공적으로 분쇄하였다.

게임 사냥터 통제는 「리니지1」에서부터 시작된 현상이다. 「리니지1」에서 사냥터 통제를 통한 이윤 독점을 학습한 DK혈맹은 일찍부터 '통제'와 '오토'를 은밀히 행해왔다. 그러나 2004년 3월 거대 3혈맹 단결식을 통해 무소불위의 권력을 확인한 DK혈맹은 이러한 '통제'와 '오토'를 기정사실화하면서 여기에 반대하는 일반 사용자들을 살해하는 '척살'을 확대했다. 이와 같은 권력의 횡포, 아무런 가치 이념도 전제되지 않은 일방적인 물리력의 발현은 일반 민중으로 하여금 인내심의 한계를 경험하게 했다. 이것이 세금 인상에 따른 저레벨 민중 계층의 광범위한 불만과 결합되면서 바츠 해방 전쟁 확산의 배경이 되었다.

여기서 중요한 것은 DK혈맹의 존재를 절대악이라고 규정할 수는 없다는 사실이다. 「리니지2」는 사용자들에게 살벌하고 잔인하고 처절한 투쟁들이 이어지는 신화적 고대의 정조(mood)를 제공하며 그러한 세계의 강렬한 매혹 속으로 끌어들인다.

「리니지2」에 접속하는 사용자들은 생명적 자연으로부터 이탈하여 인공적인 구조물로 가득 찬 도시 환경에 살고 있다. 사용자들이 만나는 매일의 사건들은 포스트모던 소비사회라고 표현할 수 있는 현대 대도시의 일상들이다. 이런 사용자들에게 「리니지2」의 세계는 대안적 우주(alternative universe), 모든 것이 거짓이기에 모든 것이 가능한 우주가 되는 것이다.[43] DK혈맹처럼 권력을 무한히 남용하는 포악한 지배자들은 이러한 우주의 매우 중요한 구성 요소라고 말할 수 있다.

전쟁 발발과 내복단의 참전

바츠 해방 전쟁의 서전은 2004년 5월 9일 붉은혁명혈맹이 50명의 인원으로 300여 명의 DK군대가 방어하는 기란성을 점령하고 '세율 0%'를 선언하면서 시작되었다. 2주 후 거대 3 혈동맹은 다시 기란성을 탈환했지만 이 기적 같은 승리는 사냥터라는 생존의 터전을 봉쇄당하고 척살의 공포에 떨던 피지배계층 민중들에게 강렬한 인상을 심어주었다.

그리하여 단독으로 DK혈맹에 전쟁을 선포했다가 무참하게 진압당한 바 있던 더킹혈맹, 순수한 마법사들만의 혈맹인 해리포터혈맹, 수원성혈맹, 하드락혈맹, 리벤지혈맹 등 지배혈맹은 아니지만 상당한 세력과 힘을 가지고 있던 혈맹들이 하나로 뭉쳤다. 이들이 '바츠동맹군'을 결성하고 '반3혈(反三血)'

의 기치를 들자 민중들은 하나둘 그 옆에 모여들어 자발적으로 이들의 방패막이가 되기 시작했다.

전투력이 낮은 저레벨 사용자들은 DK혈맹을 중심으로 한 3혈연합군의 '화살받이'가 되어 무수히 죽어갔다. 민중 계층이 시도할 수 있는 유일한 대응 방법은 인해전술이었다. 버프와 스킬의 화려한 효과음과 함께 일방적으로 상대를 도륙해가는 DK혈맹 전사의 모습과 수십 명씩 낙엽처럼 죽어가는 일반 사용자들의 모습은 고대적 파토스의 절정을 보여주었다.

이러한 상황은 많은 사람들의 정의감을 자극했다. 반3혈 측의 절박한 호소문이 인터넷에 오르자 비슷한 폭압에 시달리던 다른 서버의 사용자들이 자신들의 캐릭터를 버리고 '정의와 자유'를 외치며 바츠 서버로 밀려 들어왔던 것이다. 이들은 바츠 서버에서 새로 캐릭터를 만들어야 했기에 이들의 캐릭터는 형편없는 저레벨일 수밖에 없었다. 사람들은 저레벨 캐릭터로서 내복만 겨우 걸치고 값싼 뼈단검 하나만을 장비한 이들을

바츠동맹군
(혁명군).

프랑스혁명의 상퀼로트(긴바지를 입는 빈민층) 집단에 비유해 '내복단' 혹은 '뼈단'이라 부르기 시작했다.

다른 서버 사용자들의 참전으로 인해 바츠 서버가 만성적인 접속 장애에 시달리던 이 시기의 문건을 살펴보자.

> 바츠 서버의 이 전쟁은 일반 유저들의 힘을 이끌어내지 못하면 바츠동맹이 패배할 것입니다. 단 1렙짜리 캐릭이라도 수십 명이 모여서 DK연합에게 공격을 가하면 물리적으로만이 아닌 심리적으로도 큰 위축을 가져올 것입니다. (중략) 이번 전쟁은 바츠 서버만이 아닌, 전 서버가 그 결과를 주목하고 있습니다. 특히 거대 혈에 억눌려 있는 많은 저주 서버 유저들이 함께 지켜보고 있습니다. 그들에게 희망을 주어야 합니다. 그들에게 자신감을 주어야 합니다. 다시는 어떤 서버에서도 이러한 독재가 없도록 해야 합니다. 전 지금 이 순간 바로 바츠 서버에 캐릭을 만들어 내복단에 합류할 것입니다. 제 가슴속에 끓어오른 피를 주체할 수 없습니다. 그리고 언젠가 사람들에게 자신 있게 말할 겁니다. 그 거대했던 바츠 서버 해방 전쟁에 내복단의 일원으로서 그 자리에 있었노라고.[44]

내복단의 주류는 하루 이틀 정도 육성한 레벨10 전후의 캐릭터이다. 뼈단검을 든 이들의 공격력은 5-10 포인트(한번 공격할 때 상대가 입는 데미지)이다. 이들이 상대하는 DK혈맹원들은 65레벨에서 75레벨 사이의 고수로서 이들의 공격력은 한번 시전시 1,000-1,300 포인트에 이른다. 공격 시전 속도를 감안할 때 이는 어떤 전술로도 상대가 될 수 없는 차이였다.

그러나 온라인 게임에서 네트워크화된 컴퓨터 환경은 고립된 개인의 상상력과 문제 해결 능력을 뛰어넘는 집합 지능(collective Intelligence)을 출현시킨다. 이것은 마치 개미 한 마리 한 마리는 낮은 차원의 지능을 갖지만 더듬이를 병렬로 연결한 그 집단의 지능은 인간보다도 더 뛰어난 최적의 행위와 최적의 해답을 찾아내는 이치와 같다.

내복단들이 찾아낸 최적의 전술은 DK혈맹의 전투부대의 측후방으로 돌아가 가장 취약한 힐러⁴⁵⁾를 '모탈 블로우'라는 스킬로 100여 명이 같이 찌르는 방법이었다. 내복단 한 사람

내복단 모집 포스터.

은 자신이 죽을 때까지 적의 힐러에게 대략 40의 데미지를 입힐 수 있었다. 100명의 화력은 40×100＝4,000 포인트에 이르며 한꺼번에 4,000포인트의 체력이 감소한 힐러는 손쓸 겨를도 없이 전사하게 된다. 이렇게 힐러가 전사하면 버프(공격 및 방어 능력의 일시적 증

강)와 힐(데미지를 입은 체력의 회복)을 받지 못한 DK전투부대는 중심을 잃고 그 뒤에 달려드는 내복단들에 의해 각개격파되어 죽어갔다.

「리니지2」의 채팅창은 띄어쓰기를 포함해 24자를 치면 꽉 차는 한 줄이다. 또 현실적으로 동일한 작전 행동을 할 수 있는 단위는 9명에 불과하다. 내복단들은 이런 제한된 의사소통 환경에서 제한된 수단을 이용해 수백 명, 수천 명에게 작전 명령을 내리고 반응하면서 현실의 전투 군단처럼 신속하게 기동했다. 그러면서 적에 대한 기만, 공포감의 조성, 일사불란한 이동과 과감한 종심(縱深)돌격, 협공, 때로는 독창적인 전술행동을 실현했다. 이러한 기동전(maneuver warfare)의 놀라운 모습은 네트워크화된 컴퓨터 환경의 집합 지능이 얼마나 가공할 힘을 발휘하는가를 보여준 실례였다.

집합 지능은 단순히 전투에 그치지 않았다. 피에르 레비의

안타라스 동굴(용던)입구를 틀어막아 버린 내복단.

지적처럼 집합 지능은 개체적 차원의 상황을 연계시켜 보다 고귀하고 상승적인 가치를 생산해낸다.[46] 이 시기 「리니지2」 사용자들의 가슴에 발생한 의분과 정열, 정의를 향한 열망을 '게임은 게임일 뿐'이라고 폄하하는 것은 이야기 예술의 존재 이유를 부정하는 것이 된다. 물론 게임의 데이터베이스 위를 이동하는 사용자들의 움직임은 가상적이며 그가 꿈꾸는 혁명은 다운받은 프로그램 속의 상상이다. 그러나 현실 공간의 체험이 사용자의 인생이듯 가상공간의 체험도 사용자의 인생인 것이다. 비록 현실에서의 움직임이 아니지만 그 처절하고 절박한 감정적 경험들은 사용자가 만나는 일생일대의 체험이었기 때문이다.

혹자는 그럽니다. 이건 게임일 뿐이라고. 현실과 착각하지 말라고. 그걸 모르는 사람은 아무도 없습니다. 그런데도 불구하고 왜 유저들이 이렇게까지 그러는 것인가에 대해서 말씀하신다면 딱 한마디만 하겠습니다.

"당해본 사람만이 안다."

온라인 게임은 가상현실의 세계입니다. 자신의 캐릭에 애정을 가지고, 자신이 그러한 상황에 처하면 누구나 그렇게 될 수밖에 없습니다. 게임이란 걸 몰라서 그런 것이 아닙니다. 게임이지만 게임도 하나의 가상현실이고 그곳에도 정의가 지배해야 한다고 생각하기 때문입니다. 「매트릭스」 영화와는 전혀 다른 차원입니다. 「매트릭스」는 네오라는 영웅에 열광하는 것이지만 「리니지2」는 자신의 캐릭이 「리니지2」라는 공간에 존재하기 때문에 자기 자신의 문제인 것입니다.

과거 저는 「리니지1」에서 아주 작은 혈의 군주를 하고 있었습니다. 그러다 사소한 문제로 당시 거대혈의 공격을 받았습니다. 너무 억울했지만 저는 아무 말 없이 그쪽 군주에게 정식 혈전 요청을 하였습니다. 질 건 이미 알고 있었습니다. 아니 학살당할 것이란 걸 잘 알고 있었습니다. 그러나 혈원들의 한번 싸워보자는 그 패기와 용기를 외면할 수 없었습니다. 비굴해지기 싫었습니다. 전 묵묵히, 제 장비를 긴급처분하여 혈원들에게 물약을 지급하였습니다. 그리고 전쟁터에 가보았지요. 일방적인 학살이었습니다. 하지만 혈원들은 단 한 명도 불평불만 없이 묵묵히 싸웠습니다. 오히려 저를 위로하더군요.

전 아직도 그때가 떠오릅니다. 그리고 그립습니다. 정의를 위해 질 걸 알면서도 당당하게 싸우다 죽어간 혈원들이 너무나 그립습니다. 그리고 그때의 행동에 대해 단 한 번도 후회해본 적이 없습니다. 이번 바츠 해방 전쟁에서도 그렇게 자랑스럽게 싸울 것입니다. 비록 제 자신 한 명은 큰 힘이 되지 못할지라도 작은 힘이 모이면 어떠한 것도 무너뜨릴 수 있다는 것을 확실히 보여주겠습니다.[47]

이처럼 내복단들은 「리니지2」라는 가상현실을 현실의 시공간적인 제약을 넘어 '정의와 자유, 그리고 동지애'라는 고귀한 가치에 연대하는, 현실보다 더 숭고하고 더 인간화된 공간으로 변모시켰다. 바츠 해방 전쟁에서 내복단이 만들어낸 에토스, 윤리적 가치 이념은 온라인 게임과 같은 현실의 가상현실화가 더 높은 단계의 인간화라는 사실을 증명했다. 그들에게 가상(Virtuality)은 단순히 '실물처럼 보이는 거짓 형상'이 아니라 현실에서는 잠재적으로 존재하는 인간적인 가치들이 눈앞에 구체적으로 현시된 것이었다.

아덴 공성전과 바츠 해방의 날

2004년 6월의 대접전 동안 DK혈맹은 어떤 여론의 압박에도 굴하지 않고 끝까지 항전했다. 내복단들은 죽여도 죽여도 끝없이 바츠 서버로 밀려들었으며 5개 성을 중심으로 한 주요 전쟁터는 양측의 시체로 뒤덮였다.

7월에 접어들자 바츠동맹군(혁명군)의 전열은 더욱 강고해졌다. 붉은혁명혈맹과 리벤지혈맹을 중심으로 한 32개 전쟁혈맹이 '바츠 해방의 깃발 아래 집결했고 무수한 내복단들이 이들의 외곽을 수호했다. DK연합군은 야전에서 패퇴를 거듭한 끝에 마침내 강철 같은 DK연합군 5개 아성 가운데 최초로 오랜성이 함락되었다. 이 과정에서 전 서버 최강의 전사인 DK연합군의 아키러스가 순수한 저레벨의 내복단들과 싸우다

전서버 최강의 아키러스 파티를 포위한 내복단들.

전사하기도 했다.

급기야 6월 28일 3혈동맹의 주축이며 DK혈맹 다음으로 큰 거대혈맹이었던 제네시스혈맹이 사냥터에서의 사소한 충돌을 빌미로 DK혈맹과 결별하고 바츠 혁명군에 투항하는 충격적인 사건이 발생한다. 당황한 DK혈맹은 급히 정(情)혈맹을 회유하여 4혈동맹을 보충했지만 지배연합의 전열은 크게 흔들린 뒤였다.

그리하여 7월 17일 바츠 해방 전쟁의 분수령이 되는 아덴 공성전이 벌어졌다. 이 시기 바츠동맹군은 40개 혈맹에 이르렀으며 오랜성을 점령한 상태였다. 리니지 월드의 중북부에 자리 잡은 오랜성은 비록 궁벽한 산악지대에 위치해 있지만 60레벨의 엘프족 전사가 윈드 서커의 버프를 받고 달리면 10분 안에 사냥꾼 마을을 거쳐 수도 아덴성을 공략할 수 있는 전략적 요충지였다.

당시 '바츠동맹군'은 동맹에 참여한 주요 전쟁 혈맹 군주들의 집단지휘체제로 움직이고 있었다. 일반 사용자들에게 그 이름이 널리 알려진 이 지휘관들은 오랜성 성주이자 리벤지혈 맹의 총군주[48] '나리타', 붉은혁명혈맹의 총군주 '눈물을감추 고', 해리포터혈맹의 총군주 '박성만만쉐', 더킹혈맹의 총군주 '혜원낭자', 수원성혈맹의 총군주 '칼데스마', 하드락혈맹의 총군주 '엘븐백기사', 그리고 가장 나중에 합류하여 바츠동맹 군 사이에 묘한 긴장을 감돌게 하고 있던 제네시스혈맹의 총 군주 '칼리츠버그'였다.

이토록 많은 혈맹이 집결했지만 바츠동맹군은 아직도 수적 으로 DK연합군에 비해 열세였다. 이러한 역학관계는 바츠 서 버의 독특한 정치적 정세로부터 비롯된다. 바츠 해방 전쟁이 일어나기 전까지 현실적으로 DK연합에 가입하거나 양해를 얻지 않고서는 자신의 캐릭터를 52레벨 이상 육성하는 것이 무척 어려웠다. 52 이상의 레벨 업을 위해 꼭 들어가야 하는 사냥터를 DK연합이 독점하고 있었기 때문이다. 개인으로 파 편화된 사용자들은 물질적 안락과 사회정의 사이에서 흔히 현 실과의 타협을 선택했다. 그 결과 전쟁을 할 수 있는 대부분의 고레벨 사용자들은 이 시기까지도 DK연합에 속해 있었다.

이렇듯 강력한 전투력을 가진 DK연합군 전사들은 오랜 혈 맹 전쟁의 경험으로 닦이고 닦인 노련한 지휘관들에게 통솔되 고 있었다. 조직과 카리스마로 리니지 월드를 지배해온 이들 DK연합군 지휘관들은 DK혈맹의 총군주 'shadow여술', 신의 기사단혈맹의 총군주 '지존군주', 위너스혈맹의 총군주 '푸른 전사', 정혈맹의 총군주 '만월의 폭군'이었다.

제네시스 탈퇴 이전의
DK연합군.

　결론부터 말하자면 바츠동맹군이 대승을 거둔 아덴 공성전
은 기만전술의 승리였다. 그토록 많은 내복단들이 참전했음에
도 불구하고 전투의 시작부터 끝까지 한 번도 바츠동맹군은
실제 전력에서 DK연합군보다 우위에 있지 못했다. 불리하지
만 회피할 수 없는 이 전투에서 바츠동맹군 수뇌부는 기만전
술을 선택했다.

　기만전술이란 위장과 은폐의 기획 의도를 가진 군사 행동
을 말한다. 대병력이 일정 기간 적을 속이기 위한 양동작전에
투입되는 것보다 더 위험한 작전은 없다. 일찍이 클라우제비
츠는 기만전술이 계획된 소기의 목적을 달성한 경우는 거의
없다고 지적하면서 지휘관은 책략을 동원하기보다 쌍방 전투
력의 냉엄한 현실을 직시하면서 오로지 필연성만을 고려하는
'엄숙한 열의'를 가져야 한다고 말했다.49)

　이런 관점에서 볼 때 바츠동맹군의 승리는 기적이었다. 수

많은 내복단 가운데 첩자가 있어서 채팅창의 귓속말에 단 한 줄만 입력했다면 발각될 수 있었을 기만전술이 두 번이나 성공했다. 한 번도 서로 얼굴조차 본 적이 없는 사이버 공간에서의 '내복단 동지'들은 현실 공간보다 더 철저한 도덕성을 보여주었다.

바츠동맹군의 기만전술은 공성 등록부터 시작되었다. 「리니지2」의 게임 규칙에 의하면 양군은 공성 시작 24시간 전 공격할 성으로 가서 수성 등록과 공성전 등록을 해야 한다.

등록 마감 시간 10분 전. 제네시스혈맹을 제외한 바츠동맹의 모든 혈맹들은 오랜성에 수성 등록을 했으며 제네시스혈맹만이 아덴성에 공성등록을 하고 있었다. 바츠동맹군은 누가 봐도 DK연합군의 탈환전에 대비하여 오랜성 방어에 전념한 것처럼 보였다.

등록 마감 시간 8분 전. 제네시스혈맹마저 공성 등록을 취소하고 어딘가로 사라졌다. 이에 DK연합군은 아덴성 수성 등록을 취소하고 오랜성으로 이동하는 한편 바츠동맹군의 위치를 맹렬하게 찾았다. 이 시간 사라진 제네시스혈맹과 바츠동맹군 본대는 사냥꾼 마을 근처에 매복하고 있다가 DK연합군의 이동 정보를 받자 즉시 기동하여 아덴성 마을로 달려갔다.

등록 마감 3분 전 바츠동맹군의 위치를 파악하지 못해 우왕좌왕하던 DK연합군은 할 수 없이 오랜성에 공성 신청을 했다. 같은 시간 바츠동맹군은 아덴 공성에 26개 혈맹이 신청하는 데 성공한다. 이때 아덴성에 수성등록을 한 것은 DK의 1

개 라인혈맹에 불과했다. 양동작전의 기만전술로 바츠동맹군은 공성에 참여할 수 있는 병력에서 우세를 점하게 된 것이다.

그러나 7월 17일 오후 비교적 공성이 쉬울 것이라던 바츠동맹군의 예상은 빗나갔다. DK연합군은 오후 7시부터 아덴성 주위에 끝없이 밀려들었다. 그들은 엄청난 숫자로 대오를 정비하고 전략적 요충지마다 바츠동맹군의 진격을 봉쇄하기 위한 요격진지를 구축했다. 숙련된 DK연합군들은 성 입구 중간에 칼과 단검, 창을 든 격수 부대를 배치하고 양 옆으로 넓게 궁수 부대를 포진시킨 학익진(鶴翼陣)을 구축했다. 이것은 성문으로 돌진해오는 바츠동맹군을 일점사(一點射)[50]로 저지하기에 가장 효율적인 진법이었다.

8시. 결전이 시작되자 최전선에 DK연합군의 맹장 아키러스가 이끄는 '전 서버 최강의 전투 부대' 아키러스 파티(9명)가 나타났다. 아키러스 파티는 눈 깜짝할 사이에 바츠동맹군 3개 파티를 전멸시키고 바츠동맹군의 최전선 진지를 파괴했다. 전력의 우열이 너무나 명백하게 드러났다. 오직 어떤 희생을 치르더라도 물러서지 않겠다는 의지만이 바츠동맹군을 버티게 만들었다.

9시. 무수한 희생에도 불구하고 바츠동맹군 측은 아직 진지조차 세우지 못하고 있었다. 공성군 측이 1시간이 지나도 진지를 세우지 못했다는 것은 치명적인 전황이다. 공성군 측이 전사했을 때 진지가 있으면 그 진지에서 부활할 수 있지만 진지가 없으면 두 번째로 먼 마을에서 부활하여 10여 분을 달려

와야 하기 때문이다. 이런 상황에서 바츠동맹군의 두 번째 기만전술이 시작되었다.

9시 10분. 바츠동맹군은 부서진 진지를 뒤로 하고 산지사방으로 패주하기 시작했다. DK연합군의 눈에 이와 같은 패주는 자연스럽게 보였다. 상대는 총사령관조차 정해지지 않은, 서로 얼굴도 잘 모르는 혈맹들의 엉성한 결합체였고 내복만 달랑 걸친 오합지졸들의 군대였다. DK연합군의 맹공에 1시간 동안 버틴 것이 이상할 정도였다.

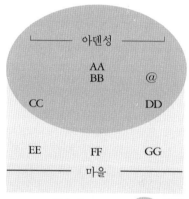

AA: DK 궁수단
BB: DK 격수단
CC: DK 레드 궁수단
DD: DK 화이트 궁수단
EE: 붉은혁명, LCD, 하드락 등 바츠동맹
FF: 제네시스, 헤리포터 등 바츠동맹
GG: 제네시스 군주단

전장
비전장

9시 20분. 승기를 잡은 DK연합군은 진군했다. 패주는 했지만 적의 주력이 완전히 분쇄된 것은 아니었다. 연합군 수뇌부는 결정적인 승리를 획득하기 위해 아덴성 주변의 전장을 떠나 오랜성으로의 추격전을 결정했던 것이다. 그리고 만약에 대비해 CC지역의 레드 군단 궁수부대와 DD지역의 화이트 군단 궁수부대를 잔류시켰다.

그러나 이때 바츠동맹군은 패주한 것이 아니었다. 패주하는 것처럼 보이는 기만전술이었던 것이다. 바츠동맹군은 거의 흩어지지 않고 전장 외곽에 집결하여 매복하고 있었다.

오랜성으로 진군한 DK연합의 대군은 리벤지혈맹을 비롯한 소부대만이 지키고 있는 오랜성을 맹공했다. 외성문 바깥쪽에 공성 진지를 구축하고 공성골렘(성문을 부수기 위한 공성무기)을 뽑아 눈깜짝할 사이에 외성문을 부수어버렸다. 이 공세는 외성문 안쪽에 압살롬 진형(원형 일점사 진형)을 구축하고 있던 리벤지혈맹으로 파도처럼 밀려들었다.

리벤지혈맹은 총군주 '나리타'와 라인군주 '야적' '어시장' 등 지휘부가 직접 나서서 뚫린 외성문 안쪽에서 거의 절망적인 심정으로 이 군세와 맞섰다. 그런데 시간이 지나자 DK연합군의 공격이 둔화되기 시작했다. 아덴성에서의 급전이 오랜성 공성부대로 날아든 것이다.

시간을 되돌려보면, 아덴성의 주전장에서는 DK연합군의 주전력이 이동하자 매복하고 있던 바츠동맹군이 즉각 다시 기동했다. 먼저 칼리츠버그의 진두지휘 아래 아수라처럼 분전한 제네시스혈맹이 DD지역의 화이트 군단 궁수부대를 격파했다. 제네시스혈맹은 한 라인을 보내 @지역에 진지를 구축하는 한편 나머지 전병력으로 전장을 가로질러 CC지역 레드 군단 궁수부대의 배후를 엄습했다. 레드 군단 궁수부대는 앞뒤로 포위되어 전멸해버렸다.

곧이어 바츠동맹군은 공성골렘을 소환했고 프로핏의 버프를 모두 받은 공성골렘은 불과 몇 분 만에 외성문을 파괴하고 내성문마저 부수어버렸다. 아덴성 내로 쇄도해 들어간 바츠동맹군은 망루와 성벽을 지키던 위저드(공격수 마법사) 부대를 격파하고 내성으로 뛰어들었다. 내성을 지키던 DK골드라인혈맹은 수적 열세를 극복하지 못하고 전원 사살되었다. 이 전투에서 DK혈맹의 총군주 shadow여술도 전사했다.

DK연합군의 오랜성 공성부대에 날아든 것은 이런 충격적인 소식이었다. 이들은 다급한 나머지 오랜성에서 아덴성 마을로 텔레포트하여 전장으로 직행하려 했다. 그러나 이들을 맞이한 것은 내복단의 결사적인 저항이었다. 인간 바리케이트를 형성한 내복단들은 화살받이가 되어 죽으면서 자신들의 시체로 마을 입구를 겹겹이 막았다. 시체 때문에 걷기조차 어려워진 DK연합군은 바츠동맹군 궁수 부대와 위저드 부대의 집중 포화를 받고 쓰러져갔다. DK연합군이 전장에 진입하지 못하는 사이 제네시스혈맹의 칼리츠버그 총군주가 각인실에서 성의 점령을 각인하는 데 성공했다.

이날 PC방에서는 눈물을 흘리며 흐느끼는 사용자들이 목격

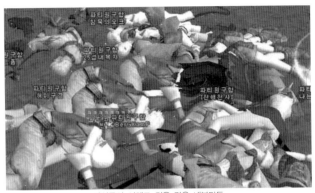
자신들의 시체로 길을 막은 내복단들.

되었고 게임 안에서는 아덴성의 메인 홀에서 내복을 입은 평민들이 춤을 추었다. 이날은 '바츠 해방의 날로 선언되었다. 한 내복단은 이날의 감격을 이렇게 증언하고 있다.

현실을 살면서 수없이 많은 좌절을 맛보고 결국 실망해 가고 적응해가면서 어른이 된다고들 말합니다. 그리고 그 과정에서 가장 중요한 꿈을 잃어버린다고들 하죠. 우리가 온라인 게임 속에 깊이 빠져들고 그 속에서 어떤 성취감을 느끼려고 하는 것은 어쩌면 잃어버린 꿈들을 찾아 떠나는 여정 중의 하나인지도 모릅니다. 오늘 저는 제1서버인 바츠 서버에서 아주 허접한 레벨 15짜리 여엘프 내복단 캐릭을 가지고 진한 감동과 벅차오르는 기쁨과 함께 잃어버린 꿈을 보았습니다. (중략) 오늘 드디어 바츠 서버에서 제1거대혈맹으로 불리며 1년간 철권통치를 해왔던 DK혈맹이 공식적인 첫 패배를 했습니다. 바로 그들이 한 달 이상을 고생해가며 공략했던 아덴성을 단 한 차례의 공성으로 뺏겨버린 사건입니다.[52]

이날의 감격에 대해서는 엄정한 비판적 거리가 필요하다. 이날 사용자들의 열정이 빚어낸 도덕성은 너무나 숭고했고 그들의 집합 지능은 강력했다. 바츠동맹군은 매우 위험한 기만 전술을 공유하면서도 단 한 명도 배반을 하지 않았다. 압도적인 적에 밀려 흩어졌을 때는 귓속말과 귓속말로 서로의 위치를 확인하여 아군의 대열로 달려왔다. 무수한 레벨 다운으로 더 이상 무기를 들 수 없게 된 캐릭터들까지 맨주먹으로 전투에 뛰어들었다.

그러나 동시에 그들의 전쟁 의지는 디지털 전쟁의 냉혹한 현실을 반영하고 있다. 이동 통신과 네트워크화된 컴퓨터 기기가 보편화된 현대의 전쟁은 온라인 게임에서의 전쟁과 거의 똑같다. 병사들은 스크린 모니터에 나타난 적군의 아바타를 향해 초정밀 폭탄(브릴리언트 폭탄)의 버튼을 누른다. 바츠 해방 전쟁에는 현대의 디지털 전쟁에 주어지는 분석들이 그대로 적용된다.

바츠동맹군이 압도적인 열세에도 불구하고 끝까지 주전장을 떠나지 않고 결전에 임할 수 있었던 것은 '공허한 전장(empty battlefield)' 이론의 실례이다.[53] 전통적인 전쟁터에서는 아덴 공성전에서와 같이 군대의 '편성'이 무너지고 '진지'가

파괴되는 상황은 승패를 결정짓는 요체였다. 그러나 현대의 디지털 전쟁터와 마찬가지로 바츠해방전쟁에서 개개의 병사들은 전장이 텅 비어 보일 만큼 분산되어 소규모로, 그리고 보다 자율적인 부대로 전투를 실시한다. 그 결과 편성이 무너지고 진지가 파괴되는 상황에서도 심각한 '전장 충격(battlefield shock)를 받지 않는다.

그런 의미에서 아덴 공성전은 2003년 이라크전 이후 디지털 전쟁을 전제하고 살아가는 매트릭스 워리어(matrix warrior)들의 고독한 인간 상황을 반영한다. 제이크 호슬레이가 정의하는 매트릭스 워리어는 그들 주위에 벌어지는 모든 일들이 실제가 아니며 어떤 형식으로든 매개되고, 프로그램에 의해 디자인된 것이라는 사실을 알고 있다. 그렇기 때문에 그들은 그토록 용감할 수 있고, 자신이 갖고 있는 목적으로부터 정신이 분산되는 것을 스스로 허락하지 않을 수 있는 것이다.[54]

「리니지2」의 캐릭터, 매트릭스 워리어들은 숙명적으로 다가오는 사건의 우연성, 돌발성, 비합리성을 체험하면서 저마다 고독한 존재로 외로이 살고 있다. 사용자들은 끊임없이 다른 사용자들과 의사소통하지만 그것이 서로의 죽음에 깊이 충격을 받는 현실의 친구는 아니다. 감동적이지만 쉽게 붕괴될 수 있는 유대. 이어지는 바츠 해방 전쟁의 추이는 이 같은 매트릭스 워리어들의 비극을 보여준다.

혁명군의 몰락 – 숭고의 체험과 귀환하지 않는 영웅들

아덴 공성전은 바츠 해방 전쟁의 분수령이었다. 리니지2 월드의 정치적 중심지인 아덴성을 점령한 것을 기점으로 바츠동맹군은 빠른 속도로 분열하며 타락해갔다.

분열의 씨앗은 전승(戰勝)의 과실을 누가 가질 것인가였다. 예컨대 아덴 공성전의 성공으로 리벤지혈맹은 오랜성을 차지했고 제네시스혈맹은 아덴성을 소유하게 되었다. 그런데 처음부터 바츠동맹군의 선봉을 맡아 많은 희생을 치렀던 붉은혁명혈맹은 얻은 것이 없었다. 아덴성의 각인을 함으로써 아덴성을 소유하게 된 제네시스혈맹은 바츠동맹군이라고는 하지만 불과 3주 전까지 지배연합군의 일원이었다.

제네시스혈맹은 제네시스혈맹대로 가장 병력이 많은 만큼

고생은 그들이 다 했는데 묘한 입장 때문에 너무 많은 것을 양보해야 한다는 억울함이 있었다. 이렇게 논리적으로는 납득해도 심정적으로는 도저히 받아들일 수 없는 불만들이 각 혈맹마다 쌓여가기 시작했다.

DK연합군이 아덴성에 이어 기란성마저 빼앗기고 오만의 탑 9층으로 퇴각하자 승리의 전리품을 둘러싼 각 혈맹들의 갈등은 더욱 심각해졌다. 이 무렵 바츠동맹군 소속의 혈맹들이 약칭 '용던'이라 불리는 안타라스의 동굴에서 부분적인 통제와 오토 행위를 한다는 비난들이 나오기 시작했다. 각 혈맹들의 총군주들은 용던이라는 사냥터에 독점구역을 확보해줌으로써 성의 소유를 둘러싼 혈맹원들의 불만을 무마하려 했던 측면이 있다. 그러나 이것은 바츠동맹군의 존립기반을 뒤흔드는 치명적인 사건이었다.

애초에 바츠동맹군이 외쳤던 '정의와 자유'의 구호는 매우 지시적인 의미를 가지고 있다. 이때의 '정의'는 일반 사용자들을 죽이고 오토 프로그램을 돌리는 부정행위를 저지르는 지배혈맹에 대한 정의였다. 또 이때의 '자유'는 어떤 사냥터이든지 함께 게임을 하는 사람으로서 갈 수 있고 또 사냥할 수 있다는 의미의 자유였다.

그런 대의명분을 내세웠던 바츠동맹군이 지배혈맹과 똑같은 통제와 오토, 척살을 행했다는 것은 그들을 지지해온 일반 사용자들의 신뢰를 뿌리채 배신하는 것이었다. 바츠동맹군의 전쟁 혈맹들은 긱기 자신의 힘의를 부정하고 서로 상대방을

기란성 항구에 집결한 지배혈맹들.

비난하면서 아직 완전히 섬멸되지 않은 적 앞에서 자중지란에
빠지고 말았다. 수세에 몰려 있던 DK연합군은 이때 새로 패
치(patch)된 '오만의 탑'에 숨어 은인자중 힘을 기르고 있었다.

적의 무서운 잠재력을 외면한 바츠동맹군은 사분오열되었
다. 붉은혁명혈맹은 이제까지의 동지였던 리벤지혈맹과 전쟁
에 돌입했으며 곧이어 제네시스혈맹과도 전면전에 들어갔다.
그 결과 수적으로 열세에 몰린 붉은혁명혈맹은 과거의 주적이
었던 DK연합군과 제휴함으로써 바츠 해방에 참전한 많은 사
람들을 아연하게 만들었다.

"4혈도 나쁘지만 반4혈도 나쁘다"는 공감대가 바츠 서버에
유포되면서 아덴 공성전까지의 단합은 무너져갔다. 내복단들
역시 내복단을 빙자한 강도들, 즉 '제조'들이 등장하면서 도덕
성을 믿을 수 없는 경계와 의혹의 대상이 되어갔다. 한 바츠동

맹군의 논객은 결국 아무도 믿을 수 없어 아예 게임을 떠나게 된 사정을 아래와 같이 피력하고 있다.

캐릭터를 팔고 게임을 접는 마당에 왜 이런 글 남기냐는 분도 계시지만 그래도 할 말은 하고 싶어서 몇 자 적고 갑니다. 예전 마크를 내리고 하나동맹으로 이름 바꾼다고 할 때부터 이미 혁명과 하나동맹은 5혈에게 패배를 인정한 것입니다. 매일 제네시스 동맹에게 죽다가 거의 간판을 내릴 지경까지 이르자 (붉은혁명혈맹은) DK 아키러스에게 항복을 내포한 도움을 요청했던 거죠.

혁명은 제네시스 동맹이 배신을 했다고 했죠? 그러면 기란공성 때 같이 돕기로 하고 왜 돕지 않았나요? 그거는 약속을 저버린…… 그것도 일종의 배신 아닌가요? 혁명에서 제네시스를 싫어하는 가장 큰 이유가 제네시스의 배신, 오토라고 했죠? 그러면 진정으로 배신을 밥 먹듯이 하는 혈이 어디 혈인가요? 제가 볼 땐 그리고 저와 같이 게임하는 분들은 붉은혁명도 그리 할 말은 없다라고 생각합니다.

(중략) 예전 혁명 분들 마지막 기란 공성 때 기억나요? 자게에 모든 일반 유저들이 참여하겠다고 했던 많은 말들. 심지어 게임 새로 시작하는 저레벨들도 3혈(DK연합군)의 화살받이라도 하겠다던 많은 글들. 3혈을 제외하고는 모두가 혁명의 편을 들어주던 그때. 온라인 게임을 하면서 처음으로 감격이라는 걸 느꼈던 그 시절. 지금 혁명을 보면 정말 명분 없는 싸움을 하는 것 같아요.[55]

바츠동맹군의 타락과 분열은 전세의 역전을 가져왔다. DK 연합군은 조금씩 조금씩 빼앗겼던 성들을 모두 탈환했으며 혁명군의 공성전을 성공적으로 방어했다. 그리하여 해가 바뀐 2005년 1월 27일 DK혈맹은 다시 무제한 척살령을 발동했고 「리니지2」의 일반 사용자들은 바츠 해방의 꿈이 비참하게 좌절되었음을 확인해야 했다.

이상에서 우리는 바츠 해방 전쟁의 발발과 쇠퇴를 살펴보았다. 이제 「리니지2」 바츠 서버에서는 내복단들의 시체로 길이 보이지 않았던 격전과 아덴성이 함락되던 '바츠 해방의 날'의 감격을 다시 찾아볼 수 없다. 다만 그 희망과 절망을 함께 겪은 사용자들과 그 사용자들의 한 많은 사연들로 이루어진 온라인 게임 스토리만이 남았을 뿐이다. 전경란의 말처럼 이러한 스토리는 스토리로서의 저작물 개념보다 사용자들 간의 상호작용에 의해 새로 등장한 사회적 관계, 사이버 공동체의 개념에 더 가깝다고도 볼 수 있다.[56]

바츠 서버는 해방 전쟁 이전의 참상으로 되돌아왔다. 하룻저녁에 700명이 넘는 유저들이 조직적으로 척살되고, 산발적인 소요가 일어나고, 소요의 결과 DK연합군이 사냥터의 오토 행위를 통해 만들어내는 바츠 서버의 아덴 가격은 폭등한다.[57]

그러나 바츠 해방 전쟁 스토리는 아직 완전히 끝난 것이 아니다. 사용자들은 미약하지만 아직도 자신이 하는 게임이 바츠 해방 전쟁 절정기의 그 숭고한 감정을 실어 나르는 매체,

사용자들이 만들어낸 스토리,
바츠 해방 전쟁의 이야기는
아직도 계속되고 있다.

숭고의 감정을 불러일으키는 살아 있는 물건으로 변모하는 현
상을 목격한다.

일정한 사물성(事物性)을 갖는 미(美)와 달리 숭고는 "지금,
여기에서 무언가가 일어난다"는 순수한 사건성으로 존재한다.
미를 미로 만들어주는 것은 예술작품이라는 사물이지만 숭고
를 숭고로 만들어주는 것은 작품 앞에 선 사용자의 체험이다.
뭔가 고귀하고 성스럽고 영웅적인 것이 자신의 눈앞에 현전
(現前)하고 있다는 충격이 숭고의 체험이다. 그것은 묘사할 수
도 없고 설명할 수도 없는 천지 창조의 순간을 연상시킨다.[58]
그런 의미에서 아직도 「리니지2」의 스토리는 매일 매일 놀랍
고 비일상적이며 충격적인 순간, 묘사 불가능한 것이 일어나
는 순간의 미학, 숭고의 미학에 의해 지배된다.

사용자들은 아직도 저항하고 있는 극소수 혈맹들 가운데
한 파티가 용의 계곡에서 안타라스의 동굴로 출정하는 것을

본다. 시간은 이미 9시가 넘은 아침이다. 그 파티의 주인공들은 모두 「리니지2」 월드에서 밤을 새웠다. 수백 명의 DK혈맹원과 싸운 간밤의 싸움에서 많은 혈맹원들의 캐릭터가 더 이상 활동할 수 없는 봉인 상태에 이르렀다. 살아남은 사람 가운데 두 사람은 D급 무기를 들고 있었다. 무수한 죽음으로 30 이상 레벨 다운이 되어 공격력이 무의미할 정도로 낮은 무기를 들고, 옥쇄할 수밖에 없는 전쟁터로 묵묵히 떠나가는 것이다.

앞서 언급했듯이 이러한 행동은 물론 디지털 전쟁의 맥락에서 비판될 수 있다. 고립된 저항지대에서 승리의 가능성이 전무한데도 끝까지 고군분투하는 전투부대는 역설적으로 전장의 충격, 다른 사람들의 운명에 그만큼 무관심할 수 있기 때문이다. 그러나 이것이 숭고의 감정을 불러일으킨다는 사실 또한 부정할 수 없다.

함께 파티 사냥을 하며 성장했던 친구들은 대개 현실과 타협했다. 친구들은 저마다 이래도 좋고 저래도 좋은 '친목혈'을 꾸려 군주가 되어 게임 안에서 편안한 인생을 살아간다. 그러나 이들은 사냥터도 없이 풍찬노숙하며 사방에서 공격받고 악명을 뒤집어쓴다. 외로운 나머지 따뜻한 말 한 마디에 쉽게 정을 주었다가 사기를 당하기도 한다.

이런 외로운 전사들이 외롭게 전쟁터로 나가고 있는 것이다. 이런 광경은 「리니지2」의 사용자들만이 이해하고 감지할 수 있는 '숭고'이다. 이러한 순간 「리니지2」의 스토리는 위엄을 갖춘 희생자들, 최후에 승리하는 패배자들, 타락한 현실에 대해 선(善)을 주장하는 무법자들의 형이상학적이고 영웅적인 진실을 전달한다.

일찍이 조셉 캠벨은 많은 스토리에서 잊을 수 없는 체험을 한 영웅이 평범한 인간 세상으로 귀환하는 데 어려움이 수반되고 있음을 지적한 바 있다.[59] 영웅은 평범한 세계에서 '낯설고 특별한 세계'로 들어가 통과제의의 성격을 갖는 고통스런 체험을 한다. 그리고 남들이 경험하지 못한 그 세계로부터 어떤 물질적, 정신적 전리품을 들고 다시 평범한 세계로 돌아와 사람들을 널리 이롭게 해준다.

그러나 언제나 이 같은 <분리-통과제의-귀환(seperation-initiation-return)>의 구도가 지켜지는 것은 아니다. 모든 것을 채우고 모든 것을 견디는 사랑과 신비하고 정복되지 않는 힘과 불멸하는 우주의 그림자를 맛본 영웅은 삶을 너무 많이 보고 너무 깊이 본다. 그래서 그는 안일무사한 생활인들의 세계, 평범한 인간들의 세계로 돌아올 수가 없는 것이다.

바츠 해방 전쟁의 스토리를 체험한 상당수의 「리니지2」 사용자들은 바로 이와 같은 귀환하지 않는 영웅들이다. 그 전쟁은 현실 시간으로는 불과 12달이었지만 30분이 하루인 「리니지2」의 가상현실에서 무려 48년 동안 계속되었다. 서버를 초월하여 모든 「리니지2」 사용자들이 숨을 죽이고 전쟁의 추이를 관찰했으며 그 고귀한 희생들은 많은 이들의 심금을 울렸고 그 허무한 결말은 사용자들 사이에 절망과 냉소주의를 유포시켰다.

온라인 게임 스토리만이 줄 수 있는 이 같은 서사적 감동과 사상적 깊이를 체험한 사람들은 두 번 다시 예전과 같은 사람일 수가 없다. 그들은 '폐인'이라는 조롱을 웃어넘기며 매일매일 온라인 게임이 만든 매트릭스로 들어간다. 이 귀환하지 않는 영웅들이 어떻게 현실로 돌아와 세계를 복되게 할 수 있을 것인가의 문제는 가상현실과 현실의 융합이 중요한 관심사로 떠오르고 있는 디지털 미디어 시대에 깊이 고려해야 할 지점이 된다.

결론 : 전자문학을 향하여

지금까지 우리는 세계 다중접속 온라인 롤플레잉 게임을 대표하는 「리니지2」를 통해 온라인 게임 스토리가 구현되는 방식과 그 사례를 살펴보았다. 특히 「리니지2」 바츠 서버의 '바츠 해방 전쟁' 스토리에서 온라인 게임 스토리가 도달할 수 있는 감동과 깊이의 가능성을 찾아보았다.

인터넷은 정보 교환의 매체이면서 동시에 오락의 매체라는 두 가지 속성을 갖는다. 후자의 속성은 온라인 게임, 즉 온라인상에서 다른 플레이어들과 함께 참여하는 새로운 형태의 컴퓨터 게임을 발전시켰다.

4,100년 전 『길가메시 서사시』가 나타난 이래 인류의 이야기 예술은 끝없이 변화해왔다. 이것은 발전하는 과학기술에

대응해 이야기 예술이 적극적으로 자기를 혁신해온 극복의 역사였다. 이야기 예술의 발전에는 문자, 인쇄술, 일정한 순서로 병렬된 그림(만화), 스크린에 투영된 연속촬영사진(영화) 등 당대의 과학을 수용한 이야기 기술의 발전이 있었다.[60]

네트워크화된 컴퓨터 기술을 수용한 온라인 게임은 이 같은 발전의 연장선상에 있다. 정보화 혁명의 급격한 변화에 따른 디지털 정보 격차(digital divide) 때문에 온라인 게임은 자주 청소년들의 저급한 오락 매체 정도로 오해되곤 한다. 그러나 이야기 기술의 발전이라는 측면에서 온라인 게임은 일시적·시류적 현상이 아니라, 영원히 현실에 만족하지 못하고 허구적 상상력을 통해 또 다른 세계, 더 나은 대안적 세계를 꿈꾸어온 인류의 오랜 정신적 진화의 결과물이다.

우리가 한국 온라인 게임을 통해 살펴본 한국형 디지털 스토리텔링의 원리와 사례들은 앞으로의 이야기 예술에 영국과 미국에서 논의되고 있는 '전자문학(electronic literature)'의 영역을 암시한다.

우리는 이미 컴퓨터가 모든 지식과 예술의 입수, 조작, 저장, 배포에 관여하는 시대, 컴퓨터가 문화적 의사소통의 보편적인 수단이 된 시대를 살아가고 있다. 디지털 스토리텔링은 컴퓨터 기술이 만들어내는 자극적인 매력을 넘어 새로운 이야기 예술이 보여줄 수 있는 사회적이고 존재론적이며 미학적인 감동에 이미 도달했다. 그것은 인간의 심리를 보여주는 가혹하고도 섬세한 드라마와 인간의 조건과 세계의 비인간성에 대한 심오한 사색을 던져준다.

미래의 문학 연구는 이 같은 시대에 시의적이고 유의미한 담론으로 자리 잡지 않으면 안 된다. 이러한 희망은 스토리라는 문화적 층위와 CG 디자인 및 프로그래밍이라는 컴퓨터 층위가 어떻게 연관되고 있는지에 대한 더 학제적·심층적인 연구들을 요구하게 될 것이다.

주

1) Espen Aarseth, *Game Trouble* ; J. Murray ed., *First Person*(Cambridge: MIT press, 2004), p.54.

2) Friedrich schiller, 안인희 옮김, 『인간의 미적 교육에 관한 편지』(서울: 청하, 1995), p.165.

3) Seymore Chatman, *Story and Discourse*(1978), 김경수 옮김, 『영화와 소설의 서사구조』(서울: 민음사, 1989), pp.22-23.

4) '게임'이란 말부터 컴퓨터 기기에 장치된 놀이 프로그램이라는 개념과 게이머가 프로그램을 이용해 놀이를 하는 행위라는 개념을 동시에 지칭한다. 최유찬, 「게임의 서사」, 『내러티브』 제2호, p.75.

5) Purcy Lubbock, 송욱 옮김, 『소설기술론 *The Craft of Fiction*』(서울: 일조각, 1960), p.62.

6) Lev manovich, 서정신 옮김, 『뉴미디어의 언어 *The Language of New Media*』(서울: 생각의나무, 2004), p.103.

7) Scott McCloud, 김낙호 옮김, 『만화의 이해 *Understanding Comics*』(서울: 시공사, 2002), p.71.

8) 전경란, 「MMORPG의 장르적 특징 및 함의」, 『제48회 전국 국어국문학 학술대회 발표논문집』(국어국문학회, 2005.5.29), p.500.

9) 최유찬, 『컴퓨터 게임의 이해』(서울: 문화과학, 2000), p.10.

10) 전경란, 「컴퓨터 게임 스토리텔링의 이해와 분석」, 『디지털 스토리텔링』(서울: 황금가지, 2003), p.62.

11) Pierre Levy, 김동윤 옮김, 『사이버문화』(서울: 문예출판사, 2000), pp.27-31.

12) Stephen Denning, *The Springboard*(Woburn; Butterworth- heinemann, 2001), p.71.

13) 고욱·이인화 편저, 『디지털 스토리텔링』(서울: 황금가지, 2003) 제2부 참조.

14) 박길성, 『한국사회의 재구조화』(서울: 고려대학교 출판부, 2003) 제1장 참조.

15) Ortega y Gasset, 장선영 옮김, 『예술의 비인간화』(서울: 삼성

출판사, 1977), pp.324-326.

16) 『게임백서 2003』, 한국게임산업개발원, 2004, p.474.

17) 양광호 외, 「온라인 게임 서버의 기술 동향」, 『전자통신동향 분석』 16권 4호, 2001, p.8, p.15.

18) 위정현, 「2003 디지털콘텐츠 해외시장조사보고서-게임편」, 한국소프트웨어진흥원, 2004, p.171.

19) 성윤숙, 『지존과 대박을 꿈꾸는 아이들』(서울: 대왕사, 2004), pp.290-304.

20) Robert Mckee, 고영범·이승민 옮김, 『시나리오 어떻게 쓸 것 인가』(서울: 민음사, 2002), p.76.

21) Janet Murray, "From game story to Cyberdrama", *First Person*, p.2.

22) Lev Manovich, *The Language of New Media*, Cambridge: The MIT Press, 2001. p.46.

23) S. Chatman, 앞의 책, p.21.

24) 전경란, 「상호작용 텍스트의 구체화 과정 연구 - MMORPG를 중심으로」, 『언론학보』 48-5호, 한국언론학회, 2004, p.195.

25) Anthony Giddens, 권기돈 옮김, 『현대성과 자아정체성』(서울: 새물결, 1997), p.144.

26) Espen Aarseth, *Cybertext*(Baltimore: Johns Hopkins Univ. Press, 1997) pp.62-65.

27) 엘프 최강, 「5혈님들 보세요」, 리니지2 바츠서버 인게임 자유게시판 115415번 문건.

28) 리니지2 바츠서버 인게임 자유게시판 96295번 문건, 112832번 문건, 101715번 문건, 101706번 문건.

29) Andrew Glassner, *Interactive Storytelling*(Natick: A.K. Peters, 2004), p.221.

30) Andrew Glassner, 위의 책, p.225.

31) 「리니지2」 공식 홈페이지 > 즐거운 섬> 동영상 > 프렐류드 동영상(http://bbs.lineage2.co.kr).

32) 전쟁 혈맹원의 평균 레벨은 61레벨이다. 61레벨에 이르기 위해 서는 어떤 커뮤니티 활동도 없이 오직 레벨 업에만 주력하여 하루 15시간씩 31일을 하루도 쉬지 않고 플레이해야 한다. 「리 니지2 전 서버 종족, 레벨 게임 통계자료」(http://bolg.naver.com/

uniset/40002056193).

33) 컴퓨터 게임 텍스트는 사용자에 의해 구현될 수 있는 텍스트의 기본 재료인 텍스톤과 각 사용자들에 의해 구현된 텍스트로서의 스크립톤으로 이루어져 있다. 컴퓨터 게임은 텍스톤으로 잠재되어 존재하다가 사용자가 게임을 수행하면 그의 선택과 행동에 의해 스크립톤으로 구현된다(Espen Aarseth, 1997, pp.66-68).

34) 제로더켓, 「한 내복단의 시」 리니지2 바츠서버 인게임 자유게시판 116569번 문건.

35) Jake Horsley(2003), pp.39-40.

36) 온라인 게임에서 사용자들은 자신의 컴퓨터에 클라이언트 프로그램을 설치하고 인터넷을 통해 온라인 게임서버에 접속해서 게임을 한다. 이와 같이 구성된 시스템을 클라이언트/서버 시스템이라고 하며 여러 유저들을 하나의 사이버 공간에 묶어놓는 프로그램을 서버(server)라고 한다. 이러한 클라이언트/서버의 네트워크 시스템은 규모성과 지연성의 두 가지 면에서 제한된다. 규모성(salability)이란 사용자 수가 증가할수록 게임이 처리해야 할 정보 규모가 증가하는 것을 뜻하며, 지연성(tardiness)이란 사용자 수가 증가할수록 게임의 응답 속도가 느려지는 것을 뜻한다. 이와 같은 규모성과 지연성 때문에 동시에 수천 명 내지 수십만 명이 접속하는 온라인 게임은 여러 개의 서버를 운영하게 된다.
양광호 외, 「온라인 게임 서버의 기술 동향」, 『전자통신동향분석』 16권 제4호, 2001, p.8, p.15.

37) 「약자들의 집단반란-공포의 내복단」, 『경향신문』 2004년 6월 24일; 「리니지2의 돌풍 내복단」, 『조선일보』 2004년 7월 8일.

38) 「리니지2 전서버 종족, 레벨 게임 통계자료」(http://bolg.naver.com/uniset/40002056193).

39) Friedrich Meinecke, 이광주 옮김, 『국가권력의 이념사』(서울: 민음사, 1990), p.35.

40) 화니, 「세율적용! 경제파동이 다가온다」(http://cafe.naver.com/mublood/19).

41) 정령탄이란 「리니지2」 게임이 독창적으로 개발한 아이템으로

"드워프 장인들이 아이템을 결정화시켜서 나온 결정에 정령의 힘을 봉인해서 만든 일종의 총알로서 물리공격력을 2배로 높여주며 사용시 화려한 음향과 후광의 타격 효과를 제공한다. 게임 전문가들은 정령탄을 사용한 공격의 '타격감'이 보강되면서 상용화 초기 별로 관심을 끌지 못했던 「리니지2」가 폭발적인 인기를 끌게 되었다고 할 정도로 게임의 핵심적인 아이템이다.

42) 2005년 4월 18일 현재 1,720개 혈맹이 있다. 「바츠 서버의 혈맹 집계」, 리니지2 인게임 자유게시판 117689번 문건.

43) Jake Horsley, *Matrix Warrior*(New York: St. Martin's Press, 2003), p.5.

44) 겸댕이대왕, 「호소문−전 서버 유저들이여 궐기하라」, 리니지2게임포 자유게시판 2004년 6월 16일.

45) 전사의 버프와 치유를 담당하는 치유사. 자신의 공격력은 약하지만 파티 전투에서 전투력의 핵심을 이룬다.

46) Pierre Levy, 권수경 옮김, 『집단지성』(서울: 문학과지성사, 2002), pp.42−44.

47) 각주 19) 호소문의 3번째 댓글.

48) 「리니지2」에서는 혈맹의 리더가 군주라고 불린다. 큰 혈맹의 경우 하나의 혈맹 안에 군단이 있고 군단 안에 라인이 있다. 예를 들어 DK혈맹의 경우 2004년 7월 전쟁 당시 화이트 군단과 레드 군단이 있고 각 군단 안에 적게는 15명에서 많게는 38명에 이르는 라인이 수십 개씩 존재한다. 이때 혈맹 전체를 지휘하는 리더를 총군주 약칭 '총군'이라고 하고 각 라인의 군주를 '라인군주'라 한다.

49) Carl Von Clausewitz, 김홍철 옮김, 『전쟁론』(서울: 삼성출판사, 1993), p.255.

50) 타깃 콜링(target calling)이라고도 불리는 대인전의 가장 중요한 전투기술이다. 9명이 각기 다른 타깃을 공격하는 것보다 9명이 하나를 집중해서 공격하고 그 다음 공격 목표로 순차적으로 넘어가는 것이 훨씬 더 위력적이다. 「리니지2」에서는 이런 타깃 콜러를 '탱'이라고 부르며 다른 8명의 전투원들은 '어시스트' 명령어를 통해 '탱'이 공격하는 목표를 같이 공격한다.

51) 감초, 「바츠 혁명717 – 히스토리아 제1편」(http://blog.naver.com/ breez777/ 1000004337772).

52) 티비게임광, 「디케이 공식 패배, 아덴성 빼앗기다」, 리니지2 플레이포럼 자유게시판 2004.7.17.

53) Robert L. Bateman ed., 윤주학 옮김, 『디지털 전쟁』(대전: 문 경출판사, 2000), p.85.

54) Jake Horsley(2003), p.48.

55) 어리법사, 「붉은혁명, 하나동맹은」, 리니지2 인게임 자유게 시판 117582번 문건.

56) 전경란, 「상호작용 텍스트의 구체화 과정 연구」, 『한국언론 학보』 48권 5호, 한국언론학회, 2004, p.192.

57) http://lineage2.norinuri.co.kr/main/main.html (2005.6.1)

58) J.F. Lyotard, 이현복 옮김, 「숭고와 아방가르드」, 『지식인의 종언』(서울: 문예출판사, 1993), p.209.

59) Joseph Cambell, 이윤기 옮김, 『천의 얼굴을 가진 영웅』(서울: 민음사, 1999), p.254.

60) 이인화, 「디지털 스토리텔링 창작론」, 『디지털 스토리텔링』, 황금가지, 2003, p.17.

한국형 디지털 스토리텔링 「리니지2」 바츠 해방 전쟁 이야기

| 펴낸날 | 초판 1쇄 2005년 8월 5일 |
| | 초판 4쇄 2016년 1월 29일 |

지은이	이인화
펴낸이	심만수
펴낸곳	(주)살림출판사
출판등록	1989년 11월 1일 제9-210호

주소	경기도 파주시 광인사길 30
전화	031-955-1350 팩스 031-624-1356
홈페이지	http://www.sallimbooks.com
이메일	book@sallimbooks.com

| ISBN | 978-89-522-0420-2   04080 |

376 좋은 문장 나쁜 문장　　eBook

송준호(우석대 문예창작학과 교수)

어떻게 좋은 문장을 쓸 수 있을 것인가? 우선 좋은 문장이 무엇이고 그렇지 못한 문장은 무엇인지 알아야 할 것이다. 대학에서 글쓰기 강의를 오랫동안 해 온 저자가 수업을 통해 얻은 풍부한 사례를 바탕으로 문장교육을 제대로 받지 못한 독자들에게 좋은 문장으로 가는 길을 제시하고 있다.

051 알베르 카뮈　　eBook

유기환(한국외대 불어과 교수)

알제리에서 태어난 프랑스인, 파리의 이방인 알베르 카뮈에 대한 충실한 입문서. 프랑스 지성계에 혜성처럼 등장한 카뮈의 목소리는 늘 찬사와 소외를 동시에 불러왔다. 그 찬사와 소외의 이유, 그리고 카뮈의 문학, 사상, 인생의 이해와, 아울러 실존주의, 마르크스주의 등 20세기를 장식한 거대담론의 이해를 돕는 책.

052 프란츠 카프카　　eBook

편영수(전주대 독문과 교수)

난해한 글쓰기와 상상력으로 문학사에 커다란 발자취를 남긴 카프카에 관한 평전. 잠언에서 중편 소설 「변신」 그리고 장편 소설 『실종자』와 『소송』 그리고 『성』에 이르기까지 카프카의 거의 모든 작품에 대한 해석을 담고 있다. 또한 이 책은 카프카의 잠언과 노자의 핵심어인 도(道)의 연관성을 추적하는 등 새로운 관점도 보여 준다.

271 김수영, 혹은 시적 양심　　eBook

이은정(한신대 교양학부 교수)

힘과 새로움으로 가득 차 있는 김수영의 시 세계. 그 힘과 새로움의 근원을 알아보고 지금까지와는 다른 새로운 독법으로 그의 시 세계를 살펴본다. 그와 그의 시에 대해 깊은 애정을 가진 저자는 김수영의 이해를 위한 충실한 안내자 역할을 자처한다. 김수영의 시 세계를 향해 한 발 더 들어가 보고자 하는 독자들에게 유익한 책이다.

369 도스토예프스키 eBook

박영은(한양대학교 HK 연구교수)

『카라마조프가의 형제들』과 『죄와 벌』로 유명한 러시아의 대문호 도스토예프스키. 그의 작품에 등장하는 생생한 인물들은 모두 그의 힘들었던 삶의 경험과 맞닿아 있다. 한 편의 소설 같은 삶을 살았으며, 삶이 곧 소설이었던 작가 도스토예프스키의 생의 한가운데 서서 그 질곡과 영광의 순간이 작품에 어떻게 드러나는지를 살펴본다.

245 사르트르 참여문학론 eBook

변광배(한국외대 불어과 강사)

사르트르의 『문학이란 무엇인가』에서 전개된 참여문학론을 소개하면서 억압받는 자들을 위한다는 기치를 높이 들었던 참여문학론의 의미를 성찰한다. 참여문학론의 핵심을 이루는 타자를 위한 문학은 자기 구원의 메커니즘에 문제가 생겼을 때 이 문제를 해결하고, 그 메커니즘을 보충하는 이차적이고도 보조적인 문학론이라고 말한다.

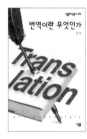

338 번역이란 무엇인가 eBook

이향(통역사)

번역에 대한 관심이 날로 늘어 가고 있다. 추상적이거나 어렵게 느껴지는 번역 이론서들, 그리고 쉽게 읽히지만 번역의 전체 그림을 바라보기에는 부족하게 느껴지는 후일담들 사이에 다리를 놓는 이 책은 번역의 이론과 실제를 동시에 접하여 번역의 큰 그림을 그리고자 하는 독자들에게 안성맞춤이다.

446 갈매나무의 시인, 백석 eBook

이숭원(서울여대 국문과 교수)

남북분단 이후 북에 남았지만, 그를 기리는 많은 이들의 노력으로 백석은 현재 우리나라에서 가장 주목받는 시인 중 한 사람이다. 이 책은 시인을 이해하는 많은 방법 중 '작품'을 통해 다가가기를 선택한 결과물이다. 음식 냄새 가득한 큰집의 정경에서부터 '흰 바람벽'이 오가던 낯선 땅 어느 골방에 이르기까지, 굳이 시인의 이력을 들춰보지 않더라도 그의 발자취가 충분히 또렷하다.

053 버지니아 울프 살아남은 여성 예술가의 초상 eBook

김희정(서울시립대 강의전담교수)

자신만의 독창적인 글쓰기 방식을 남기고 여성작가로 살아남는
다는 것이 어떤 의미를 갖는지를 보여 준 버지니아 울프와 그녀의
작품세계에 관한 평전. 작가의 생애와 작품이 어우러지는 지점들
을 추적하는 방식으로, 모더니즘 기법으로 치장된 울프의 언어 저
변에 숨겨진 '여자이기에' 쉽게 동감할 수 있는 메시지들을 해명
한다.

018 추리소설의 세계

정규웅(전 중앙일보 문화부장)

추리소설의 역사는 오이디푸스 이야기까지 거슬러 올라간다. 저
자는 고전적 정통 기법에서부터 탐정의 시대를 지나 현대에 이르
기까지 추리소설의 역사와 계보를 많은 사례를 들어 재미있게 설
명하고 있다. 추리소설의 'A에서 Z까지', 누구나 그 추리의 세계로
쉽게 빠져들게 하는 책이다.

199 디지털 게임 스토리텔링 eBook

한혜원(이화여대 디지털미디어학부 교수)

디지털 시대의 새로운 이야기 양식을 소개한 책. 디지털 패러다임
의 중심부에 게임이 있다. 이 책은 디지털 게임의 메커니즘을 이
야기 진화의 한 단계로서 설명한다. 게임의 역사에 있어서 중요한
패러다임의 변화, 게임이라는 새로운 지평에서 펼쳐지는 새로운
이야기 양식에 대한 분석 등이 흥미롭게 소개된다.

326 SF의 법칙

고장원(CJ미디어 콘텐츠개발국 국장)

과학의 시대다. 소설은 물론이거니와 영화, 애니메이션, 만화, 게
임 등 온갖 형태의 콘텐츠가 SF 장르에 손대고 있다. 하지만 SF
콘텐츠가 각광을 받고 있는 것에 비해 이 장르에 대한 깊이 있는
이해를 도울 만한 마땅한 가이드북이 존재하지 않는다. 이 책은
이러한 아쉬움을 채워주기 위한 작은 출발점이 될 것이다.

eBook 표시가 되어있는 도서는 전자책으로 구매가 가능합니다.

㈜살림출판사

www.sallimbooks.com

주소 경기도 파주시 문발동 522-1 | 전화 031-955-1350 | 팩스 031-955-1355